Η Δική μου Δευτερά

My Own Deftera

Αφιερώνεται στη μνήμη των γονιών μου
Μιχάλη και Αγάθης·
στον αδερφό μου Αντρίκο, και στις αδερφές μου
Παντελίτσα, Ελένη, Δέσποινα και Νικούλα.

Dedicated to the memory of my parents,
Michalis and Agathi;
to my brother, Andrikos; and to my sisters,
Pantelitsa, Eleni, Despina and Nikoula.

Θεοκλής Κουγιάλης   Theoklis Kouyialis

Η Δική μου Δευτερά

My Own Deftera

Translation by Nora Clark Liassis

Moufflon Publications Ltd.
20 Costi Palama
Aspelia Buildings
Apartment E1
1096 Lefkosia, Cyprus
publishing@moufflon.com.cy

Copyright © 2007 Theoklis Kouyialis
All rights reserved
No part of this book may be reproduced or transmitted in any form
by any means, electronic, mechanical, photocopying,
recording, or otherwise, without the prior
written permission of the publisher.

First published in Greek in 1989.

ISBN 978-9963-642-24-3

Cover linocut by Alex Storer
Designed and typeset by Toby Macklin

Printed and bound in Cyprus by Imprinta Ltd.

ΠΡΟΛΟΓΟΣ

Στη «Δική μου Δευτερά» ο Θεοκλής Κουγιάλης επιστρέφει στις ρίζες του χωριού του μέσα από τη γλώσσα ενός φανταστικού ταξιδιού. Ενώ αυτό είναι ένα ταξίδι τού παιδιού προς τον άντρα, η ανάκληση της μνήμης τού παρελθόντος είναι αγαπητική, ανανεωτική, γόνιμη. Ζει όπως εμείς στο αέναο παρόν. Αυτό το σύνθετο πεζόμορφο ποίημα, στο σύνολό του, είναι μια καταγραφή αυτοεξερεύνησης που εστιάζεται στα παράδοξα του χρόνου και της αλλαγής, της ανάπτυξης και της ταυτότητας, της ζωής και της τέχνης. Σ' ολόκληρο το βιβλίο η Δευτερά παρουσιάζεται ως η μεταφορική Μούσα, η οποία επισημαίνει θεμελιακές αλήθειες σε μια φαινομενικά ανθρώπινη παρουσία – ένα χωριό που προσωποποιείται σε όλο τον αισθησιασμό και τη σοφία του. Ο Κουγιάλης διεξάγει ένα συνεχή διάλογο, μια συνομιλία ερωτευμένων, με ανθρώπινες απηχήσεις του τόπου μέσα από ενοποιημένα σύμβολα προσεχτικά τεχνουργημένα γύρω από το εφήμερο, οριζόντια και κάθετα – διαμέσου του χρόνου, διαμέσου των τοπίων, και προς τα πάνω προς τον ουρανό. Ολόκληρο το έργο μετατρέπεται σ' ένα διαρκές δράμα, που περιέχει τους δικούς του θεσμούς και τις δικές του τελετουργίες.

Το κάθε ποίημα εμπερικλείει το παρελθόν μέσα από τις εκφάνσεις του παρόντος. Κάθε ποίημα μπορεί να καθρεφτίζει μιαν παραδοσιακή κοινότητα, που τώρα έχει ξεπεραστεί από τον χρόνο, η ποίηση ωστόσο είναι κάτι περισσότερο από ένα προφανή απολογισμό της απώλειας. Οι σκηνές εστιάζονται στη φόρμα και τη λεπτομέρεια κατά την περιγραφή τους στις εποχιακές αλλαγές, στη φυσική φθορά, στις εξωτερικές επιπτώσεις. Η λεπτομέρεια μπορεί να είναι προσωπική και καθολική, συναισθηματική και πραγματική, σοβαρή και παιγνιδιάρα, δοξαστική και νοσταλγική.

«Η Δική μου Δευτερά» απευθύνεται σ' ένα ευρύτερο αναγνωστικό κοινό και τους καλεί να ξεφύγουν έστω και για λίγο από τα τρεχάματα του κόσμου της γήινης καθημερινότητας, για ν' αγκαλιάσουν τη μοναδική κοινωνική ιστορία ενός σφιχτοδεμένου Κυπριακού χωριού στις δεκαετίες του 1940–50. Ελπίζω η Αγγλική αυτή μετάφραση να διατηρεί κάτι από τον παλλόμενο ρυθμό του πρωτότυπου, τη μνημοσύνη των εικόνων του, το δελεαστικό πνεύμα του τόπου του. Εκφράζω την ευγνωμοσύνη μου στον ποιητή Θεοκλή Κουγιάλη για την ενόραση και την έμπνευσή του, και στις Εκδόσεις Μούφλον για την ενθάρρυνση να κάνω αυτό το απολαυστικό ταξίδι στη Δευτερά.

Νόρα Κλαρκ Λιασή
Λευκωσία, 2006

PREFACE

In *My Own Deftera* Theoklis Kouyialis returns to his village roots through the language of an imaginative journey. While this journey is one of the child in the man his memory recall of the past is affectionate, regenerative, fertile; like us it lives in the continuous present. The intricate prose poem, in its entirety, is a record of self-exploration focusing on the paradoxes of time and change, of growth and identity, of life and art. Throughout, Deftera is the metaphorical Muse, locating fundamental truths in a seemingly human presence – a village personified in all her sensuality and wisdom. Kouyialis conducts an ongoing dialogue, a lover's discourse, with the peopled echoes of place through unified symbols so carefully crafted around the temporal, horizontal and vertical – across time, across landscapes, and upwards to the heavens. The whole work becomes an ongoing drama, containing its own rites and rituals.

Each single poem encloses the past in the responses of the present. Each poem might reflect a traditional community now outpaced by time but the poetry is more than an obvious statement of loss. Scenes pay attention to form and particularity in their description of seasonal change, natural demise, external impact. The detail can be both personal and shared, sentimental and factual, sombre and playful, celebratory and nostalgic.

My Own Deftera invites a wider reading public to momentarily transcend their world of global mobility and to embrace the unique social history of a tightly-knit Cyprus village in the 1940s–50s. Hopefully, this English translation retains something of the vibrant rhythm of the original, its evocative imagery, the alluring spirit of its place.

My gratitude goes to the poet, Theoklis Kouyialis, for his insight and inspiration and to Moufflon Publications for encouraging me to take on this rewarding journey to Deftera.

Nora Clark Liassis
Nicosia, 2006

ΕΙΝΑΙ Η ΔΕΥΤΕΡΑ ΜΟΥ

Είναι η Δευτερά μου αυτή η λυγερή μαυρομάτα, η μελαχρινή κι ανέμελη, που στο κεντητό μπλουζάκι της σκιρτούν κρυμμένοι γρύλλοι.

Είναι η Δευτερά μου, που διαβαίνει μέσα στο όλο χυμό και αφή πράσινο, με τα μαλλιά λυτά να κατεβαίνουν απειθάρχητοι κρουνοί στους ώμους και στο μέτωπο.

Είναι η Δευτερά μου, που ανεμίζει τη λουλουδάτη φούστα της καθώς οι καλαμιές ανακλαδίζονται μ' ένα φουρφούρισμα μεταξιού, κι από τ' αγγελικά κλαδιά στάζουν τραγούδια και φωνές πουλιών.

Με μια μαργαρίτα στο στόμα, όμοια με φεγγάρι στη γέμισή του, απλώνει τα χέρια της στ' αραχνοΰφαντα Μεσορείνια.

Τρυφερή σαν μαρούλι, παιγνιδιάρα σαν κατσίκι, δίχως υποψίες, καμωμένη από ιριδισμούς θα πεις, και ήχους κι αρώματα και μυστήριο.

Τις νύχτες με πλησιάζει άλλοτε από δρόμους υγρής πρασινάδας, άλλοτε από τα χρυσά μονοπάτια θερισμένων χωραφιών κι άλλοτε από τα λόγια ασημένιων τραγουδιών παίζοντας στα χέρια διάφανα καϊσιά του Ιούνη.

Αστραφτερή μέσα στα χαμολούλουδα τα τριανταφυλλιά, τα κίτρινα, τα μαβιά, τα χαρούμενα, γέρνει ανάλαφρα τους καλαμιώνες των μαλλιών της και δεν μπορώ να πω σε ποια τρεχούμενα νερά έχει λουστεί, σε ποιους υδάτινους καθρέφτες έχει κοιταχτεί.

Ο ήλιος αδειάζει στην ποδιά της τα πορφυρά του κρύσταλλα κι όλα ματώνουν σαν Αγία Πέμπτη.

SHE IS MY OWN DEFTERA

She is my own Deftera, this slender, dark-eyed, and free-spirited brunette with hidden crickets crawling along her embroidered blouse.

She is my Deftera, passing through the all juicy and enfolding greenery, with loose hair falling down in undisciplined streams on her shoulders and forehead.

That is my Deftera, the one fanning her flowered skirt while the green canes are swaying with a silken rustle and the songs and voices of birds drip from angelic branches.

With a daisy like a full moon in her mouth, she spreads out her arms to embrace the spider-webbed Mesoreinia.

As tender as lettuce, as playful as a kid goat, and entirely without suspicions, she is composed of iridescences one could say, and of sounds and fragrances and mystery.

It is at night that she usually draws near me, sometimes emerging from the lanes of moist vegetation, occasionally from the golden pathways of harvested fields, and at other times through the words of silver songs, her hands playing all the while with the transparent kaisia of June.

Radiant among the merry, low-lying flowers, all rose-coloured, yellow, and deep blue, she tosses so lightly the fronds of her hair and I am at a loss to say at what running springs she has bathed, or into what watery mirrors she has peered.

The sun empties into her apron the purple of his crystal and everything bleeds, as it does on Holy Thursday.

Κάθεται πλάι μου μ' ένα πανέρι ανταύγειες ώριμων φρούτων. Από το φως του φεγγαριού κι από τη μυρωδιά της λεβάντας λουσμένη, κοιτάζει το μετέωρο μέσα στα χρώματα κρεβάτι του ορίζοντα.

– Ώρα καλή!

Στον άσπρο αέρα μια δροσερή ομορφιά χαμογελά με χρώματα, ήχους και νοτισμένες μυρωδιές.

Από το πλάι ο Πηδιάς με χαρούμενους μαιάνδρους ανεβαίνει δίχως προσπάθεια μέχρι τον ουρανό. Τα γιασεμιά και τα χορτάρια κι οι πηγές και τα ζωντανά και τα τρεχούμενα νερά φλογίζονται μέσα στο ολόφωτο περιβόλι της παιδικής μνήμης.

Και καθώς η γλυκύτητα του δειλινού κατέκλυζε τον κόσμο, άκουσα ένα ψιθύρισμα, το ρίγος ενός παράπονου. Ηταν η Δευτερά μου, με τα μαύρα σαν γαγάτης μάτια της, που με παρέδιδε σ' ένα φως γαλήνιο και διεισδυτικό.

She sits down beside me with a basket brimming with the reflections of ripe fruit. Suffused in moonlight, and the scent of lavender, she contemplates the landscaped bed suspended among the hues of the horizon.

– "A blessed hour!"

In the white breeze a cooling loveliness smiles with colours, sounds and misty scents.

On one side the Pedias river, with joyful meanderings, climbs effortlessly towards the sky. The jasmine, the grasses and the wells, all living things, and the running waters are enflamed inside the brightly-lit orchard of childhood memory.

And just as the loveliness of the twilight descended upon the world I heard a whisper, a murmur of complaint about my forgetfulness. It was my own Deftera, with her jet-black eyes, who then proceeded to hand me over to a light both peaceful and penetrating.

ΕΥΑΓΓΕΛΙΣΜΟΣ

Το μονοπάτι ελίσσεται μες στην καρδιά της πρωινής ομίχλης και ξεθωριάζει με αχούς από γιδοκούδουνα, μοσκοβολιές, όνειρα και ραθυμία.

Τα αγουροξυπνημένα γαϊδούρια κοντοστέκονται στις λιμνούλες της ψεσινής νεροποντής. Κοιτάζονται αφηρημένα στους υδάτινους καθρέφτες και διστάζουν να σπάσουν τη στιλπνή γυαλάδα.

Ανακλαδίζεται στο αραχνένιο στρώμα της η Δευτερά. Μια μυρωδιά από πράσινα λεμόνια πλέκεται στα καπνισμένα με το ασήμι της δρόσου κλαδιά των δέντρων και πέφτουν, πέφτουν μέσα στην τριανταφυλλιά, τη νοτισμένη ώρα, τοπάζια και σμαράγδια από ασχημάτιστους καρπούς.

Είναι η ώρα του ευαγγελισμού. Η ώρα που ο άγγελος μ' ένα άσπρο κρίνο στο χέρι σε κάνει να μοιάζεις με όνειρο, Δευτερά μου.

Ανοίγουν διάπλατα οι πόρτες της χαράς κι από την άκρη της γαλήνης δίνει το σύνθημα ο τσοπάνος.

Ξυπνούν απ' τη βαθιά τους νάρκη οι σαύρες, κι οι πεταλούδες ξεσηκώνουν ανεπαίσθητες πνοές ανέμου ανάμεσα στις καμπανούλες της λαψάνας.

Με το σγουρό κελάδημά τους τα πουλιά κατεβάζουν τον ήλιο στα πηγάδια και τις βρύσες. Τα ξέβαθα λαγούμια αχνίζουν μυρωδιές από φρεσκοκομμένο χαμομήλι και ξινόγαλα.

Και μόνο κάπου απόμακρα, από τον άλλο κόσμο θα πεις, φτάνει η φωνή του Καρπασίτη που σπρώχνει τα βόδια του μέσα στη χλιαρή δροσιά του πρωινού.

Στην άκρη του περιβολιού μια κυδωνιά, σεμνή όσον ολίγες, μαζεύει φως απ' τις ανταύγειες του Μάη. Και μέσα στην αδιαπέραστη ηρεμία και την άμετρη απεραντοσύνη του πρωινού η κυδωνιά, η Κυδωνιά μου, χρυσώνει το φθινοπωρινό καρπό της.

ANNUNCIATION

The trail unwinds into the very heart of the morning mist and fades away among the echoes of goat bells, pleasant smells, dreams and drowsiness.

Donkeys, prematurely-awakened, pull up short at the pools formed from last night's downpour. They stare at themselves absent-mindedly in the liquid mirrors, hesitating to break the glassy surface.

Deftera is now stretching out on her web-like mattress. A scent of green lemons is interwoven through the branches of the trees, all plated with the silver of the dew; and topaz and emerald from unripe fruits keep falling and falling in the rosy, misty hour.

Such is the hour of annunciation. This is the hour when the angel, with a white lily in hand, gives you a dream-like appearance, my Deftera.

The doors of joy open wide, and from one extremity of the peace a shepherd sends the signal.

Then the lizards awaken from the depths of narcosis, and butterflies are borne aloft on drifts of wind among the bells of charlock.

With their curly warbling the birds bring the sun down to the wells and the fountains. Shallow ducts give off scents of freshly-cut camomile and sour milk.

And somewhere afar off, almost from another world you would say, comes the voice of Karpasitis who keeps urging on his oxen in the mild freshness of the morning.

At the edge of the orchard a quince tree, second to none in its bashfulness, is absorbing light from the reflections of May. And within this impenetrable calm and the boundless infinity of the morning the quince tree, my Quince tree, turns her autumnal fruit into gold.

Τη βλέπει η Δευτερά και το διάφανο στιλπνό ρουμπίνι των χειλιών της γίνεται πιο πορφυρό.

Χαμογελά η Δευτερά και χαίρεται το ευλογημένο ξαλάφρωμα του σώματος που χόρτασε τον ύπνο.

Χαμογελά και γίνεται όπως την καλημέρα του παιδιού.

Deftera is watching her, and the translucent glossy ruby of her lips becomes even more purple.

Deftera smiles and rejoices in the blessed relief of a body more than satisfied with plenty of sleep.

She smiles, and is transformed into the "good morning" of a child.

ΑΓΑΛΛΙΑΣΗ

Καθώς πέφτει το βράδυ ένα ήρεμο και φωτεινό τραγούδι απαλοχύνεται από τις αόρατες χορδές του ανέμου στις γειτονιές σου, Δευτερά μου.

Τα σπίτια, όμοια με κυψέλες, γέρνουν μέσα στο μελιτζανί σκοτάδι. Το κιούλι, ο βασιλικός, το λασμαρί κι ο δυόσμος στις πήλινές τους γλάστρες γλιστρούνε ανεπαίσθητα στη σιωπή κι όλα τα ζωντανά σου πίνουν το φεγγάρι μέσα σε γούρνες πέτρινες.

Διάφανα κορίτσια λουσμένα σε οσμές γλυκάνισου και μαντζουράνας γεμίζουν τα παράθυρα με φως, καθώς σταγόνες ασημόσκονης από των αστεριών το φωτοστέφανο σταλάζουν στα κοιλώματα του δρόμου.

Απ' το καμπαναριό του Αη-Νικόλα αδειάζουν οι κρουνοί του σκοταδιού πανέρια πέταλα βιολέτας κι ο Αη-Γιώργης καβάλα στο άσπρο του άλογο, σε αρπάζει από το θανατερό αγκάλιασμα του δράκου.

Η Λακατάμεια, η Ψημολόφου, η Ανάγυια και το Τσέρι τραβούν ζηλόφθονα την αραχνένια κουρτίνα του πρωινού, για να σε δουν να περνάς με το κορμί σαν καλαμπόκι ολόδροσο μέσα από τα χαρούμενα μονοπάτια των χρωμάτων.

Στον κόρφο σου η μυρωδιά από ολόχρυσο κυδώνι. Στα χείλη σου μια γεύση καϊσιού του ανέμου.

Με κουβέρτα την καρδιά τους κάτω από τον ίσκιο καρυδιάς ο Κώστας κι ο Αντρέας γράφουν ποιήματα. Μέσα τους αντηχούν βαθιές φωνές που σμίγουν με την υγρή φυλλωσιά των μαλλιών σου. Από τις μυρωμένες ανάσες των αγγέλων έρχονται για να σε ανεβάσουν στις στιλβωμένες ανταύγειες των άστρων.

Να τους αγαπάς, Δευτερά μου, και να τους τιμάς με τη μυρωδιά του μάραθου και τη δροσάτη ορμή της πρασινάδας σου.

JUBILATION

While the evening is descending, my Deftera, a calm but bright song is rendered even softer in tone by the invisible chords of the wind in your neighbourhoods.

Houses, resembling beehives, sink within the deep mauve darkness. Pelargonium, basil, rosemary and mint in their clay pots glide along imperceptibly through the silence and all your living things drink in the moon from stone troughs.

Transparent girls, bathed in the odours of aniseed and marjoram, fill the windows with light, while drops of silver dust from the aura of the stars are trickling into the hollows of the road.

From Saint Nicholas' bell tower streams of darkness empty out baskets of violet petals and Saint George, riding on his white horse, comes to rescue you from the deadly embrace of the dragon.

Lakatamia, Psimolophou, Anayia and Tseri draw aside so enviously the web-like curtain of the morning to watch you passing, with a body like fresh sweet corn, along the cheerful pathways of colours.

On your breast a scent of golden quince, on your lips the taste of 'kaisia of the wind'.

After first laying out their hearts as a rug under the sturdy walnut tree Kostas and Andreas compose poems. Within them deep voices resound which blend with the damp fall of your hair. Inspired by the fragrant breaths of angels the two of them are coming to raise you up to the shimmering reflections of the stars.

You should love them, my Deftera, and pay them homage with the aroma of fennel and the refreshing ardour of your greenery.

Στις γειτονιές σου, Δευτερά μου, κάθε βράδυ ζαλισμένος ο Πιπής από φεγγάρι και κρασί μοσχάτο θα καμπανίζει με φωνή μενεξεδιά το μεθυσμένο του παράπονο για την καταλαλιά του κόσμου:

Όσοι μας κατηγορούσιν
έσσω τους να μας θωρούσιν.

In your neighbourhoods, Deftera, Pipis gets merry every evening from both the moon and the muscatel wine and he bellows out in a violet-coloured voice his drunken complaint about the defamation of the world:

"Let those who accuse us
See us in their homes!"

ΘΑ ΜΕ ΠΟΥΝ ΤΡΕΛΟ

Είναι παράξενο να το λέω, Δευτερά μου. Είναι παράξενο και σίγουρα κάποιοι θα με πουν τρελό.

Κι όμως, όταν σε σκέφτομαι μέσα μου λειτουργεί το θαύμα.

Όταν γράφω για σένα από τα χέρια μου στάζουνε ήχοι και χρώματα.

Όταν τραγουδώ για σένα, το τραγούδι μου γίνεται μυρωμένο κρασί που χύνεται σε διψασμένα χείλη.

Ήταν Πρώτη του Απρίλη και συ, Δευτερά μου, βγήκες στους δρόμους με τα παλικάρια λουσμένη τη φωτεινή ευωδιά του κρυμμένου ονείρου για να χαιρετίσεις τον ερχομό μιας άλλης Ανοιξης.

Τα μάτια σου λαμπύριζαν ανάμεσα στα σκουλαρίκια σου, που αντιφέγγιζαν μοναδικές γαλάζιες ανταύγειες.

Περπατούσες με το κεφάλι αναγυρτό, στητή, υπέροχα όμορφη και οι πτυχώσεις της φούστας σου ανέμιζαν την ψυχή μου. Την ψυχή μου που έπεφτε από τον ουρανό μ' ένα απελπισμένο κάλεσμα.

Κείνο το πρωί έμοιαζες με καράβι δοσμένο στην ολάνθιστη πλημμύρα του λευκού και του γαλάζιου. Στο τιμόνι ήταν η σιγουριά της λιτής φυσιογνωμίας του Κκόλα, που τον είπαμε καπετάνιο.

Κι όπως από τα βουνά του Μαχαιρά κατέβαινε μια ομίχλη, ίδια με ιστό αράχνης, που μέσα της σπαρταρούσαν αστραπόβροντα, ακούστηκε η φωνή του Λευτέρη του Γοργίδα, του δασκάλου μας:

«Η λευτεριά δεν είναι κανενός για να την πάρεις και να τη δώσεις. Η λευτεριά είναι σαν τον αέρα. Η λευτεριά είναι για όλους».

Πέντε έξι περιστέρια τρικύμισαν το φως μαζεύοντας στο ράμφος τους ιριδισμούς από τα διαμάντια της δρόσου που κρεμάστηκαν στα φύλλα του ευκαλύπτου.

THEY WILL CALL ME CRAZY

It is a strange thing to say, my Deftera. It is really strange and, for sure, some people will call me crazy for being captivated by you.

Even so, when I think about you, a miracle is at work within me.

When I write about you sounds and colours trickle from my hands.

When I sing about you, my song becomes a fragrant wine that dribbles on thirsty lips.

It was the First of April and you, Deftera, bathed in the bright scent of a hidden dream, went out onto the streets along with the young men to greet the coming of yet another Spring.

Your eyes were glittering between your earrings, that shone back unique blue reflections.

You were walking with your head facing straight ahead, erect, wonderfully beautiful, and the pleats of your skirt swept away my soul; that soul of mine which was falling from the sky in response to a desperate summons.

On that particular morning you looked like a ship given over to a fully blossomed flood of white and blue. At the wheel was the sureness of the sober features of Kkolas, the one we called 'captain'.

And just like one of those mists which come down from the mountains of Machairas, resembling a spider's web in which lightning and thunderbolts stir, the voice of our teacher, Lefteris Gorgidas, rang out:

"Freedom is not anybody's to be taken or given. Freedom is like the air we breathe. Freedom is for everyone."

Five or six doves disturbed the light, their beaks gathering iridescences from the diamonds of freshness hanging on the eucalyptus leaves.

Τα μαλλιά σου τα νότιζε μια δροσιά από φίλντισι.

Τα μάγουλά σου τα χάιδευε το ροδαλό αγιάζι του πρωινού.

Κι όπως σκορπούσαν στο μυρωμένο αέρα δοξαστικά μηνύματα από τα διπλοχτυπήματα της καμπάνας του Αγίου Γεωργίου ένιωσα σαν ένα αδύναμο αεράκι ανάμεσα στους ανέμους.

Κι όπως, πάλι έσπρωχνες τον ήλιο ν' ανέβει πιο ψηλά για ν' ανασάνει η μέρα και να ξεκινήσουν οι ίσκιοι, έπιασες κάτι τραγούδια, που γιόμισαν την καρδιά μου με άλογα που κάλπαζαν και χλιμιντρούσαν περήφανα.

Πέφτει η νύχτα και μέσα μου δεν υπάρχει κανένας για να μοιραστώ την αρωματισμένη γλυκύτητα της θύμησής σου.

Βλέπω τον ήλιο να βυθίζεται μέσα στα τριαντάφυλλα του δειλινού και την ίδια ώρα από την άλλη τη μεριά το φεγγάρι σηκώνεται πάνω απ' το βουνό.

Το θρόισμα μέσα στα φύλλα κυλά από δέντρο σε δέντρο κι είναι σαν να ξεχνάς την επαφή σου με τη γη. Είναι σαν να τεντώνεσαι προς τον ουρανό ψάχνοντας γι' άλλες ρίζες.

That hair of yours was touched with a coolness of ivory.

The fresh, rosy draught of the morning air stroked your cheeks.

And as those glorious messages from the double-pealing of Saint George's bell dispersed on the scented air I felt like a helpless little breeze amongst the winds.

All the same, you pushed the sun once more to climb even higher, in order for the day to draw its breath and for the shadows to begin. Then you began singing some songs in such a manner that my heart was literally charged with horses, galloping and neighing so proudly.

Night falls, and within me I am left with no one to share the fragrant sweetness of your memory.

I notice the sun dipping among the rosiness of the twilight and at the same hour, from the other direction, the moon begins to rise above the mountain.

A rustling among the leaves flows from tree to tree and it is as if you are forgetting your contact with the earth, Deftera. It seems like you are straining towards heaven, perhaps seeking out other roots.

Ο ΜΙΧΑΛΗΣ ΤΩΝ ΑΓΓΕΛΩΝ
ΚΑΙ ΤΩΝ ΛΟΥΛΟΥΔΙΩΝ

Δεν ήταν μοναχά δικός μας ο Μιχάλης. Ηταν των αγγέλων και των λουλουδιών και του φεγγαριού και του τρεχούμενου νερού.

Δικός μας και δικός τους.

Καθώς σημαίνει ο όρθρος και τα πετροχελίδονα αναστατώνουν τους αγίους στο εικονοστάσι, πες μου, Δευτερά, γιατί τα ηλιοτρόπια ανασηκώνουν ξαφνικά τα φωτεινά τους πρόσωπα κατά τον ουρανό; Γιατί τα χαμολούλουδα στην όχθη του Πηδιά φωσφορίζουν σαν αθώοι ήλιοι της ανάστασης;

Μήπως ξέρεις, Δευτερά, τι απόγινε όλη εκείνη η φωτερή αγάπη που μας άφησε ο Μιχάλης;

Κάθε φορά που τραβώ για τα περιβόλια κι οι ανάσες από τα λεμονόδεντρα απλώνουν χιονάτα σεντόνια λέω πως είναι μεγάλη χαρά για μένα να νιώθω πως τούτη η αγάπη υπάρχει αιώνια.

Και καθώς αλαφροπαίρνω το στενό μονοπάτι που βγάζει στο τετράγωνο χωράφι μας που το λέγαμε «Του Ποταμού», είμαι σίγουρος πως βλέπει με τα δικά μου μάτια πέντε καράβια με τα πανιά ολάνοιχτα στο μελαψό άνεμο του Νότου ν' αρμενίζουν πάνω από το δάσος τους Ευκενήες.

Και πάλι νιώθω πως βλέπουμε με τα δικά του μάτια εδώ να συντελείται ακόμα η ανάληψη των πιο πράσινων ονείρων μας.

Μήπως ξέρεις εσύ, Δευτερά, τι απόγινε εκείνη η δροσερή αγάπη των αγγέλων και των λουλουδιών που μας άφησε ο Μιχάλης;

Γιατί εγώ που διάβασα όλου του κόσμου τα βιβλία και ταξίδεψα σε Ανατολή και σε Δύση δεν έμαθα ποτές.

MICHALIS OF THE ANGELS AND THE FLOWERS

Michalis did not belong only to us. He also belonged to the angels and the flowers and the moon and the running water.

He might have been ours, but he was theirs too.

When the church bell signals the morning service and the martins rouse up the saints on the iconostasis, tell me Deftera, why do the sunflowers suddenly lift their glowing faces upwards to the sky? Why do the low-lying flowers on the banks of the Pedias river give out a phosphorescence so like the innocent suns of the resurrection?

Perhaps you may know, Deftera, what happened to all the brilliant love that Michalis handed down to us?

Every time I set out for the orchards and the breaths from the lemon trees spread out snowy white sheets, I keep telling myself that it is a great joy for me to feel how such love can last forever.

And as I tread lightly on the narrow path which leads into our square-shaped field – the one we call "the River's" – I am sure that Michalis sees, through my very eyes, five boats with open sails in the dusky wind of the South, cruising above the forest of Evkenies.

And yet I sense that here, on this earth, we see through his eyes that the ascension of our greenest dreams is being realized.

Would you have any idea, Deftera, what has become of all that refreshing love of the angels and the flowers that Michalis left us?

Because I myself, even though I have read all the books in the world, and have travelled from East to West, never did manage to find out.

Η ΕΥΡΥΔΙΚΗ

Σαν τα λουλούδια ανθίζουνε οι μέρες μας κι από τα πολύφωνα μονοπάτια των χρωμάτων φτάνουν μέχρι τον ουρανό.

Καθώς πλησιάζει αθόρυβα ο Οχτώβρης με τα χέρια γεμάτα από την αφθονία του χρυσαφιού των φύλλων που πέφτουν, θα προβάλει σαν μυρωδιά από παστά σύκα η Ευρυδίκη για να φωτίσει το αργοπορημένο καλοκαίρι του Αη-Δημήτρη.

Θυμάσαι την Ευρυδίκη τη χοντρή γειτόνισσα με το καμπανιστό της γέλιο και τα κρουστά σταφύλια της, όμοια με βόλους από χρωματιστό γυαλί.

Όταν στα πράσινα έλη του Πηδιά τα βατράχια κατεβάζουν με κοάσματα τη νύχτα και το τσαμπί του φεγγαριού που αιωρείται ανάμεσα στις κληματίδες δείξει μεσάνυχτα, τότες η Ευρυδίκη σαν ίσκιος αγαθός βρίσκει τη δική της ώρα και βγαίνει στο περιβόλι κατά το Καμίνι.

Κοιτάζει με τα ολοκαίνουρια μάτια της το στιλπνό σαν τσόφλι αυγού βλεφάρισμα των άστρων.

Ακούει το μυστικό ράγισμα του σπόρου στο φρεσκοποτισμένο χωράφι, το ριγηλό τέντωμα του μίσχου, την υπόγεια ροή του ονείρου, τη φλογισμένη ανατριχίλα στα άνθη της ροδιάς, την ανάλαφρη μυρωδιά από το πεσμένο καϊσί.

Ακούει...

Όλα μένουν μετέωρα ανάμεσα στον Άνθρωπο και το Θεό, καθώς το φεγγάρι κρεμάζει ασημένιους μενεξέδες στ' ακρόκλωνα της πουρνελιάς.

Τα μάτια της Ευρυδίκης ανοιγοκλείνουν σαν ανθοί κολοκυθιάς μέσα στη νυσταγμένη καταχνιά που πέφτει στου Ποταμού το μάκρος από το διάφανο λουλακί ουρανό.

EURYDIKE

Our days blossomed like flowers, and through the polyphonic pathways of colours they reached up to the sky.

Just as the month of October draws silently near with arms full of an abundance of gold from falling leaves, so too Eurydike would advance, like the smell of dried figs, to light up the slow-dying summer of Saint Dimitris.

Do you remember Eurydike, that plump neighbour of ours with her bellowing laughter and crusty grapes, like balls of coloured glass?

When the frogs with their croaking pull the night down over the green swamps of the Pedias and the cluster of the moon, hovering among the vine branches, marks midnight, then at such times Eurydike, like a goodly shadow, sets aside her own special hour to go to the orchard alongside Kamini.

With newly-awakened eyes she marvels at the eggshell brightness of the twinkling stars.

She listens to the mysterious cracking of seed in the freshly-watered field, the tremulous straining of the stalk, the underground current of the dream, the flaming quiver in the pomegranate flowers, the light scent from fallen kaisia.

She is listening...

Everything stays suspended between Man and God, while the moon dangles silver violets on the outer tips of the branches of the plum tree.

Eurydike's eyes open wide like pumpkin flowers, within the drowsy mist that falls from the transparent indigo sky right down along the length of the River.

Στ' αυλάκια των ονείρων χύνεται σαν μουσική βαθιά κι απόκοσμη το φύσημα του μυρωμένου ανέμου κι από τις χαραμάδες της νύχτας πετιούνται με ξεφωνητά φωτός οι πυγολαμπίδες.

Τα σκαθάρια ανεβασμένα σε σβόλους από φίλντισι στιλβώνουν το τεφρό τους χρώμα. Κι έμενε μονάχη η σιωπή να γυαλίζει όπως το γάλα στα χείλη του παιδιού.

«Α, Δευτερά, παράδεισος...»

Τραγουδά ο Πιπής που τα 'χει κοπανίσει κι απόψε στο ταβερνάκι του Αχιλλέα Ρούσου, παρέα με τον Καραμέζο. Τραγουδά και σπάζει το μαβί γυαλί της νύχτας.

Ενοχλημένη η Ευρυδίκη τον καταριέται. Κι όπως ο άνεμος τραυλίζει ψιθύρους ακατάληπτους μέσα στα καλαμπόκια κάνει το σταυρό της και ψελλίζει: «Ήμαρτον, Κύριε!»

Η Ευρυδίκη. Καλή της ώρα.

The blowing of the scented wind spreads through the channels of dreams, sounding a music deep and unearthly, and from the chinks of the night glowworms are projected with a wailing light.

Beetles, mounted on balls of ivory, manage to radiate their own ashen-like colour. And now only the silence remains, to shine as milk does on the lips of a child.

"Ah, Deftera, a paradise…"

Pipis is singing, after a bout of heavy drinking again this evening at Achilleas Roussos' taverna, in company with Karamezos. He sings, and breaks the deep blue glass of the night.

Getting annoyed at the disturbance Eurydike scolds him. But then, just like a wind that stammers baffling whispers among the corn fields, she makes the sign of the cross and exclaims: "O forgive me, Lord!"

Eurydike. God bless her!

ΤΑ ΠΟΡΤΟΚΑΛΙΑ ΤΗΣ ΚΑΡΑΟΛΙΝΑΣ

Τις προάλλες βρήκα μπροστά στην πόρτα μου ένα καλάθι διάφανα κεχριμπαρένια πορτοκάλια σταλμένα από την Ελεγκού του Καραολή.

Ένα καλάθι δροσερούς ήλιους αγάπης για μένα τον δαρμένο από τη μοναξιά της πρωτεύουσας.

Πήρα ένα και το δάγκωσα. Η βαριά αρωματισμένη γεύση της φλούδας γιόμισε το στόμα μου φως γαλάζιο, δροσερό, ζουμερό.

Τέτοιες στιγμές, Δευτερά μου, κινδυνεύω από την πολλή αγάπη που με δένει με σένα. Και λέω πως θα κάνω καμιά από κείνες τις καλοκαιρινές μας τρέλες.

Τα παιδιά χορτασμένα από βραδινή αγαλλίαση μαζεύουν χρυσόσκονη από το φεγγάρι και την αλείφουν στα μαλλιά τους για να διώξουν τα ξωτικά.

Είναι τρελά, θεότρελα, με κάτι φόβους βγαλμένους από τις παράξενες διηγήσεις της Αγάθης. Της Αγάθης που ξέρει όλου του κόσμου τα παραμύθια κι όλου του κόσμου τις γητειές.

Παίζουν κρυφτό στον πορτοκαλιώνα της Καραολίνας και ξεφωνίζουν όσο πιο δυνατά αντέχουν για να διώξουν από την καρδιά τους τη θλιβερή εικόνα. Ώσπου από το σκοτεινό φύλλωμα της καρυδιάς ξεχύνεται το θρηνητικό μήνυμα του γκιώνη.

Είναι το παράπονο του χαμού. Το παράπονο του θανάτου που πλανιέται στα μπλάβα λιβάδια τ' ουρανού.

Ανατριχιάζουν τα παιδιά και αποσύρονται.

Σιωπούν.

Από τα περιβόλια φτάνουν πιο καθαρά τα μηνύματα της ευωδιάς τώρα. Μια κωλοφωτιά διασχίζει τη ριγηλή γαλήνη της νύχτας.

CARAOLINA'S ORANGES

Only the other day I found on my doorstep a basket of transparent oranges, amber-coloured, sent to me by Elengou, wife of Karaolis.

A basket of fresh sunshines of love meant just for me, having a hard time amidst the loneliness of capital city living.

I took one and bit right into it. The pungent, scented taste of the peel flooded my mouth with a blue light, both cooling and juicy.

At moments like this, my Deftera, I am at risk from the overwhelming love that binds me to you. And I declare that I am quite likely to carry out one of those crazy things we used to do in the summer times.

Children, full of evening joy, collect gold dust from the moon and sprinkle it on their hair to get rid of goblins.

They are mad, utterly mad, with certain fears derived from Agathi's weird tales; Agathi, so well versed in all the fairy tales and healing spells of the whole world.

They play hide and seek in Caraolina's orange grove and scream as loud as they possibly can to drive distressing images far from their hearts. Until, that is, the moment when the owl's mournful cry bursts forth from among the dark foliage of the walnut tree.

It is the complaint of loss; the complaint of death that wanders in the deep blue meadows of the sky.

The children's hairs stand on end and they draw away.

They remain silent.

From across the orchards messages of fragrance are coming more clearly now. A glowworm disrupts the chilly calm of the night.

«Πιάστε την! Πιάστε την!»

Χαρούμενα ξεφωνητά ανάμικτα με φόβο γεμίζουν τους σκοτεινούς ηλιακούς των σπιτιών.

«Πιάστε την!»

Κι αρχίζει το κυνηγητό. Μπροστά το φως και πίσω τα παιδιά.

Το φεγγάρι προσπερνά ένα σύννεφο που βρέθηκε στο δρόμο του και προβάλλει ξανά πιο φωτεινό, πιο καλοκαιρινό, πιο παιδικό, σαν πελώριο κυδώνι του Οχτώβρη.

Τα προσωπάκια των παιδιών, ίδια με χάλκινες μάσκες γυαλισμένες από τη σκουριά, αντιφεγγίζουν σαν τα πορτοκάλια της Καραολίνας τη ζωή που θέλει να είναι φως. Τη ζωή που κάθε λεπτό νικά το θάνατο.

"Catch her! Catch her!"

Their happy shouts mingled with trepidation invade the inner courtyards of the houses.

"Catch her!"

And so the chase begins. The light in front, and the children behind.

The moon overtakes a cloud which got in its way and once again advances even brighter, more summery, more childlike, very similar to a huge quince in October.

Those little faces of the children, bronzed masks polished against rust, reflect as do Caraolina's oranges a life that wants to be total light; a life, which in its every moment, wins out over death.

ΜΝΗΜΟΣΥΝΟ

Ήτανε να σου μιλήσω για το μνημόσυνο του Δαμιανού και της Άννας, μα στέναξες και γιόμισαν τα μονοπάτια με κεχριμπαρένια Δάκρυα της Παναγίας.

«Μονάχα μέσα μας δεν πεθαίνουν όσοι αγαπούμε», είπες. Και η φωνή σου απλώθηκε σαν μυρωδιά από γλυκάνισο.

Κλαράκια φως αιχμαλωτίζονται στα βάτα. Είναι τα έξοχα βράδια του Αυγούστου σου, Δευτερά μου, που με ανεμίζουν και με ψηλώνουν ως τ' άστρα από αγάπη. Στάζεις φως λευκό, ασημένιο, ευωδιαστό.

Κι όπως το ολοπόρφυρο δειλινό σε τυλίγει με το διάφανο τούλι του, οι στέγες των σπιτιών αδειάζουν από τον όγκο τους.

Στην κορυφή του κυπαρισσιού ο ήλιος έχει κρεμάσει τα τελευταία του τριαντάφυλλα κι η μυρωδιά τους κατεβαίνει αθόρυβα όπως της μάνας την αγάπη.

Μεγάλα νοτισμένα γαρίφαλα, γεράνια και κατιφέδες πλέκονται στα πόδια σου.

Ανοίγουν την πόρτα του μπαξέ ο Δαμιανός και η Άννα και το περιβόλι σαν δροσερό καρπούζι παραδίνεται στη δίψα μας.

Μια καρακάξα ρίχνεται στη σκιά της. Πιο κάτω ένας ζευγολάτης ανασύρει μυρωδιές από το φρεσκοποτισμένο χώμα και τις προσφέρει στο μενεξελί αέρα, εκεί ακριβώς που ο ήλιος ανάβει χρυσαφένιο φως στ' αυλάκι.

Εδώ που αποκοιμήθηκε το νερό δυο καστανόχρωμα φύλλα σαν βαρκούλες περιμένουν να κουβαλήσουν τις ψυχές μας.

Τώρα πια μπορούμε να μεθύσουμε από τραγούδι και μυστήριο. Μπορούμε να μεθύσουμε απ' το ροδακινένιο φως που ο ήλιος ανάβει σ' ένα τρυφερό κλαδί.

MEMORIAL SERVICE

I was planning to speak to you about the Memorial Service for Damianos and Anna, but then you sighed, and the pathways in response filled up with amber-coloured Virgin's Tears.

"It is only within us that our loved ones don't die," you remarked. But how that voice of yours spread out like the scent of aniseed!

Little branches of light are held captive in the brambles. Such are the wonderful evenings of your August, my Deftera, evenings that fan me and uplift me to the stars out of love. And just look at you dripping with light, all white, silver, and sweet-smelling!

At that instant when the deep purple twilight wraps you in its transparent tulle, the roofs of the houses all at once find themselves emptied of their weight.

The sun has strewn its last roses over the top of the cypress tree and their fragrance drops as noiselessly as a mother's love.

Big moist carnations, geraniums and marigolds are knitted at your feet.

Damianos and Anna open the garden gate and the orchard, like a cooling watermelon, is delivered up to our thirst.

A crow dashes herself into her own shadow. Further down, a ploughman pulls up scents from the freshly-watered soil and offers them to the violet breeze, right on that spot where the sun turns a golden light on the ditch.

Here, where the water has fallen asleep, two chestnut-coloured leaves, the image of little boats, wait to ferry away our souls.

Now we should be able to get drunk on song and mystery. It would be so very easy to get drunk on that peachy glow which the sun ignites on a delicate branch.

Μα, βλέπεις, κρεμάστηκε ένα μολυβί σύννεφο στην καμαρόπορτα που θα 'λεγα πως η ψυχή σου, Δευτερά μου, θα αναλυθεί σε μαύρα γιασεμιά.

Και τι θ' απογίνω με τόσα μαύρα γιασεμιά; Και πώς να μιλήσω για τον Δαμιανό και την Άννα τώρα που η σιωπή του δειλινού μόλις ταράζεται από το κελάδημα των αργοπορημένων χελιδονιών, τώρα που τα περιβόλια είναι έρημα λες και οι ζωντανοί έχουν εγκαταλείψει τη γη;

But the problem you see, my Deftera, is that a cloud of lead is hanging in the archway where, I am inclined to say, your soul is going to blossom forth, but only in black jasmine.

And what will I become with so much black jasmine all around me? And how can I even consider speaking to you about Damianos and Anna, especially now that the silence of the twilight is disrupted by the warbling of the late-departing swallows; or, put it this way, now that the orchards are completely deserted and human beings have abandoned the earth…?

Η ΧΑΝΟΥΜΙΣΣΑ ΠΑΧΙΡΕ

Καθώς ο ήλιος διαπερνούσε τα φύλλα της καρυδιάς και μετατόπιζε την καρδιά μας από το φως στο σκοτάδι και ξανά πίσω στο φως, ήταν η χανούμισσα Παχιρέ, που άνοιγε την ποδιά της και μας φίλευε με διάφανες, ολοπόρφυρες μαραπέλες.

Και πάλι, καθώς ο ήλιος φλόγιζε με του ονείρου την ολόφωτη ευωδιά τις τζιτζιφιές, τα γιασεμιά και τ' αγιοκλήματα γύρω από το αλακάτι, ήταν η Παχιρέ με τα γλυκά στο χρώμα ώριμης ελιάς μάτια της που άνοιγε την καρδιά της, ίδιο κεχριμπαρένιο κυδώνι, και μοίραζε στα παιδιά μια σιγουριά από χρώματα, ήχους και μυρωδιές.

Ήταν η Παχιρέ, η γυναίκα του Σαλίχη του γκρινιάρη.

Η Παχιρέ αναλήφθηκε στους ουρανούς πάνω σε άσπρα φτερά περιστεριών.

Ήταν η ώρα που ο ήλιος πήγαινε να βασιλέψει και τα σύννεφα, ίδια με πουπουλένια ροδοπέταλα, είχαν σκορπίσει στο βραδινό ουρανό που η Παχιρέ σαν μυρωδιά από την καρδιά κατάλευκου κρίνου πέταξε με αθέατα φτερά ανάμεσα σε σιντεφένια κελαηδητά.

Την ίδια ώρα, από την πλευρά της Χρυσοσπηλιώτισσας ένα αέρι εξαιρετικά απαλό μετάλλαζε τον πράσινο μαλαχίτη των περιβολιών σου, Δευτερά μου, σ' ένα θαμπό και βαθύ αίσθημα κι άφηνε χαμηλές φωνές ονείρου στη γεμάτη ερωτηματικά παιδική ψυχή μας.

Τώρα που όλα τα πήρε ο μαύρος άνεμος και το ρυθμικό μεταλλικό νανούρισμα από το αλακάτι του Σαλίχη έγινε ήχος σκληρός, η χανούμισσα Παχιρέ ζωντανεύει ξανά για να γεμίζει την καρδιά μου με μια δροσερή μενεξεδιά ανάμνηση.

Και τη βλέπω να κατεβαίνει από τα γαλάζια περιβόλια τ' ουρανού με την ποδιά γεμάτη ολοστρόγγυλους ζουμερούς αμέθυστους για να μοιράσει ξανά τους θησαυρούς της καρδιά της.

THE TURKISH WOMAN BAHIRE

While the sun was filtering through the leaves of the walnut tree and shifting our hearts from light to darkness and again back to light, the Turkish woman Bahire unwrapped her apron to treat us to transparent, deep purple plums.

And then, just as the sun enflamed with the brightest scent of a dream the jujube trees, the jasmine and the honeysuckles around the wheel of the water-well, it was Bahire, with sweet eyes the colour of ripe olives, who opened her heart, itself an amber quince, and handed out to us children a sureness of colours, sounds and smells.

Such was Bahire, wife of Salih the grumbler.

Bahire ascended to heaven on the white wings of doves.

It was at the moment when the sun was about to set and the clouds, resembling fluffy rose petals, had scattered across the evening sky, that Bahire, like the fragrance from the heart of a pure white lily, flew on invisible wings among the pearly warbles.

At the same time, from the neighbourhood of Chrysospiliotissa, an extra gentle breeze transformed the green malachite of your orchards, my Deftera, into a deep, misty feeling and left behind in our childhood souls low, dream-like voices, asking so many questions.

These days, now that the dark wind has taken everything away and the rhythmic, metallic lullaby from Salih's wheel at the well resounds as nothing more than a harsh echo, the Turkish woman Bahire has come alive again to swell my heart with a cooling, violet-coloured memory.

For I catch sight of her descending from the sky-blue orchards of heaven, with her apron full of rounded juicy amethysts, to share with us once more the treasures of her heart.

ΜΑΡΜΕΛΑΔΑ ΜΟΣΦΙΛΟΥ

Τα κρόσια της καταχνιάς αποτραβιούνται από τις στέγες με κινήσεις φιδιού που ξυπνά από χειμερινή νάρκη.

Και καθώς η αυγή ξεδιπλώνει καστανοκίτρινο μανδύα από τον ένα ορίζοντα μέχρι τον άλλο, η Βαρβαρού, μακαρίτισσα τώρα, ξεκινά με τη μικρή την κανελιά της την κατσίκα για να μαζέψει μόσφιλα.

Με το πλεχτό της καλαθάκι στον αγκώνα σκύβει μέσα στους συναρπαστικούς ιριδισμούς από τις τελευταίες φλόγες του φθινοπώρου και ζωντανεύει τη μνήμη μου, τη μνήμη μου που αγωνίζεται να μη θαμπώσει τους κρυστάλλινους καθρέφτες σου, Δευτερά μου.

Μέσα στην πράσινη, την αρωματισμένη σου εικόνα βλέπω τα μελισσιά μάτια της Βαρβαρούς και τη μελαγχολική σκιά τους.

Κι όπως παίρνει το μονοπάτι από τη δυτική, την επίπεδη, μεριά του Πηδιά για ν' ανηφορίσει κατά το γυμνό γκρεμό, μου φάνηκε να συγκεντρώνει όλα τα δώρα που έκλεινε εκείνη η στιγμή του χρόνου.

Τώρα που μια συννεφιασμένη τρυφερότητα κινδυνεύει να πλακώσει τη ζωή μου, ακούω ξανά το ξερό θρόισμα από τις πατημένες ποκαλάμες που ξυπνούν τα βήματά της.

Κι η γλυκιά, η έντονα αρωματισμένη γεύση της μαρμελάδας μοσφίλου ξαναφέρνει την ίδια γλυκύτητα της αυγής του φθινοπώρου που ώρες ώρες ο ήλιος κρυβόταν πίσω από τα σύννεφα όπως ένα χαμόγελο που χάνεται.

Τα χωράφια βρίσκονται ακόμη βουτηγμένα μες στον ίσκιο. Το πρωινό του Οχτώβρη, σαν άγγελος που πληγώθηκε παλεύοντας ολονυχτίς με τα δαιμονικά, αφήνεται στη ριγηλή πνοή του λίβα.

Κι η Βαρβαρού με τα μελισσιά μάτια, τη μαύρη μαλλίνα και τη μικρή την κανελιά κατσίκα με είδε στην ακροποταμιά κατάμονο και κούνησε το χέρι της.

MOSPHILO JAM

The fringes of the mist are pulling back from the roofs with the movements of a snake newly awoken from winter hibernation.

And while the dawn is unfolding its yellow-brown mantle from one horizon to the other Varvarou, now deceased, sets off with her little cinnamon-coloured goat to pick mosphila.

With a woven basket crooked on her arm she stoops down among the bewitching iridescences of the last flames of autumn and brings alive my memory, that same memory which is struggling not to blur your crystalline mirrors, Deftera.

In the midst of the vegetation, within all this your scented image, I see the honey-coloured eyes of Varvarou and their wistful shadow.

And as she takes the trail leading from the west, which is the level side of the Pedias, to climb up towards the naked precipice, she appears to me to be gathering all the gifts which that time of the year encloses.

Now that a melancholic tenderness threatens to crush my life I can hear once more the dry rustle from the trodden stalks that her footsteps awaken.

And that sweet, sharp-flavoured taste of mosphilo jam brings to mind the same mellowness of the autumn dawn when, from time to time, the sun was hiding behind the clouds like a lost smile.

Fields are still plunged in shadow. The October morning, like an angel wounded from struggling with demons all night long, surrenders to the chilly breath of the south-west wind.

And Varvarou of the honey-coloured eyes, black woollen shawl and small cinnamon-coloured goat saw me all quite alone on the river-bank and she waved her hand.

Ήταν μια κίνηση τρυφερή και συνάμα αεράτη που έκλεινε μέσα της στοργή, αποχαιρετισμό και μια γλυκιά εγκατάλειψη στη μοίρα.

Το άλλο πρωί η Βαρβαρού ταξίδεψε στον ουρανό μ' ένα μπουκαλάκι μαρμελάδας μοσφίλου στο πλεχτό της καλαθάκι.

Μέσα από το βελούδο που άφησε στην καρδιά μου η σκόνη του καλοκαιριού, παρουσιάστηκε αργά αργά μια άλλη γυναίκα με τα μαλλιά σαν ώριμα στάχυα και πήρε από τα χέρια μου το λουλούδι των παιδικών μου χρόνων.

Από τότε γεννήθηκε στην καρδιά μου ένα αίσθημα καινούριο και μυστηριακό που θα με οδηγούσε μακριά, πολύ μακριά, πιο μακριά από ό,τι ορίζει η λογική.

It was a tender but at the same time airy gesture which contained in its fondness both a farewell and a gentle abandonment to fate.

The very next morning Varvarou journeyed to heaven, carrying along with her a little bottle of mosphilo jam in her woven basket.

In the midst of the velvet that the summer's dust left in my heart, another woman started taking shape very gradually, a woman with hair like ripe ears of corn; and she took from my hands the flower of my childhood years.

From that time on a novel and mysterious feeling has been born in my heart; it was going to guide me far, very far, much further than logic should normally dictate.

ΠΡΩΙΝΑ ΤΟΥ ΦΛΕΒΑΡΗ

Σε θυμάμαι τα πρωινά του Φλεβάρη, Δευτερά μου, να ξεχύνεσαι στα χωράφια μ' ένα φουστάνι στο χρώμα δροσερού πράσινου για να μαζέψεις το άσπρο αλάτι της πάχνης από τα χαμολούλουδα.

Το διάφανο γυαλί του νερού στις λιμνούλες των μονοπατιών ανατριχιάζει από τις παγερές, τις ατσάλινες πνοές του ανέμου.

Ένας ήλιος υγρός και γαλήνιος ξεβάφει το λουλάκι τ' ουρανού κι ανάβει πορτοκαλένιες φωτιές στα δέντρα.

Ξυπνά από τον ύπνο της το γατίσιο η Σαλώμη και νιώθει πως ακόμα βρίσκεται στο νησί του ονείρου.

Μ' ένα κυκλικό, αέναο θα πεις, γύρισμα του μπροστινού ποδιού της ξεπλένει το άσπρο μισοφέγγαρο στο μέτωπό της.

Το τρίχωμα της πλάτης ίδιο με συννεφένια ξεφτίδια βουτηγμένα στο μελάνι ανασηκώνεται, κι ο Ιορδάνης ποταμός της κοιλιάς της τρέχει πότε μπροστά και πότε πίσω.

Η Σαλώμη μας είναι σιωπηλή κι ονειροπόλα. Σπάνια μιλά, μα σκέφτεται πολύ.

Εικόνες αμνημόνευτες αναδεύονται μες στο τριγωνικό σαν λουλούδι του πανσέ κεφάλι της.

Τέτοιες στιγμές τα διάφανα ρουμπίνια στις υγρές καμάρες της μυτούλας της γίνονται πιο σκούρα, πιο μαβιά, ίδια με βύσσινο.

Μέσα στο κρύο πρωινό του Φλεβάρη το γεμάτο ουρανό και ξεπλυμένο φως, τα μάτια της Σαλώμης μαζεύουν τα ροζ και τ' άσπρα και τα τριανταφυλλιά σμαράγδια που κρουστάλλιασαν στ' ανθάκια της αμυγδαλιάς.

FEBRUARY MORNINGS

Oh, I remember you only too well on February mornings, Deftera, how you would literally dash out across the fields with a dress the colour of cool green to gather the white salt of the hoar frost from the low-lying flowers.

The transparent glass of water in the ponds on the trails shivers from the frosty, steely breaths of the wind.

A sun, humid yet tranquil, fades the indigo colour of the sky and sets aglow orange fires in the trees.

Salome wakes up from her cat-like sleep, while feeling that she is still on the island of dreams.

With a circular, you could even say endless turn of her front leg she washes the white half moon on her forehead.

The fur on her back, looking something like murky unravelling dipped in ink, stands on end, and the River Jordan of her belly runs forward and backwards.

Our Salome is silent and dreamy. She rarely talks, but she is a thinker.

Countless images are conveyed in her triangular, pansy-like head.

At such moments, the delicate rubies in the moist arches of that little nose become darker, more purple, crimson in fact.

In the full sky and the washed light of a cold February morning Salome's eyes absorb the pink and white and rosy emeralds that have crystallized on the blossoms of the almond trees.

Στην άκρη του περιβολιού η Χαριτού και η Αννού άρχισαν μια ψιλοκουβέντα που έφτανε σαν γαϊτανάκι με την καταχνιά μέχρι την αυλή μας. Μια ψιλοκουβέντα που κατέληγε σ' ένα μελωδικό τερέτισμα κι έσμιγε με το ξιπασμένο, το σχεδόν προκλητικό κελάδημα των πρώτων χελιδονιών.

Τις άκουσε η μάνα μου και μέσα από το γυάλινο αντιφέγγισμα του πρωινού φωνάζει:

«Του βάρους σας μετάξι, γειτόνισσες!»

Το γέλιο τους καμπάνισε πιο δροσερό, πιο γάργαρο μέχρι το Καμίνι, μέχρι τα Μακούφια και μέχρι τα περιβόλια του Ποταμού, όπου η γης πύκνωνε τη χαρά της και δυνάμωνε την άνοιξη που άρχισε κιόλας να ράβει στο φουστάνι της τις πρώτες χρωματιστές χάντρες.

Άκουσε το γέλιο τους η Σαλώμη και μέσα στο μυαλό της μπουμπούκιασε η εικόνα του Ναθαναήλ, αυτού του ακατάδεχτου και ασυγκίνητου γάτου του γείτονά μας του Δεσπότη.

Του Ναθαναήλ, που ξόδεψε μια ζωή κοιτάζοντας τον κόσμο από το μπαλκόνι.

At the edge of the orchard Charitou and Annou began some small-talk which reached as far as our yard, like a ribbon in the mist. Their chatter wound up in a melodic humming and blended with the almost provocative chirping of the first swallows.

My mother heard the women and through the glassy glimmer of the morning she shouted out:

"May you produce as much silk as your weight, neighbours!"

Their laughter then belled out even fresher, more sparkling as far as Kamini, Makouphia and right up to the orchards of Potamos, where the earth was thickening her joy and animated the Spring which had already started to sew its first coloured beads on her dress.

When Salome picked up their high spirits the image of Nathanael took root inside her head; Nathanael, that haughty, unfeeling cat of our neighbour Despotis.

Nathanael, the one who managed to spend a whole lifetime looking down at the world from a balcony.

ΠΡΩΙΝΟ ΤΟΥ ΜΑΡΤΗ

Ο Χαρίτος είναι τελείως αμίλητος σήμερα.

Τραβηγμένος στο βάθος του υπόστεγου ξέχασε το γκάρισμα, ξέχασε και το τρυφερό χορτάρι.

Με την κεφάλα του σκυφτή σαν εξαπτέρυγα της Αγίας Παρασκευής νιώθει τη θλίψη να πέφτει σαν σταλαγματιές μελάνι πάνω στο κατάλευκο μαντίλι της ψυχής του.

Στέκεται απολιθωμένος μέσα στην αδιάκοπη ροή του χρόνου. Και μόνο οι ακτινόλιθοι των ματιών του αφήνουν κάποιες στιγμές τις μεταξωτές ανταύγειές τους να διασπάσουν τους παγερούς καθρέφτες της μοναξιάς του.

Πόσο όμορφος φαντάζει ο Χαρίτος μέσα στη θλίψη του!

Και πόσο πιο τρυφερός και αξιαγάπητος, ίδιος με άγγελο της Αγίας Εβδομάδας, γίνεται μέσα στη μελαγχολία του!

Ήταν ένα από κείνα τα πρωινά του Μάρτη που ανοίγεις το παράθυρο και το πανόραμα του κάμπου κοχλάζει μιαν ολοκαίνουρια μοσχάτη ζωή.

Τα χαμολούλουδα, σαν γυμνά κορμιά παιδιών, ξεπροβάλλουν μέσα από υγρές πολύχρωμες ευωδίες.

Το ηχηρό κόκκινο, το μουρμουριστό λιλά, το σιωπηλό γκρίζο, το γρήγορο κίτρινο, το νωχελικό καφέ και το ανοιχτόκαρδο λευκό, όλα, μα όλα, καλούν με διαπεραστικές φωνές που τρέχουν κι όλο τρέχουν με τ' αναψοκοκκινισμένα πρόσωπα παιδιών στο πρωινό του Μάρτη.

Ο Χαρίτος γίνεται διάφανος μέσα στην πρωινή ομίχλη.

Στο στιλπνό του τρίχωμα φωσφορίζουν κρυμμένες πυγολαμπίδες.

A MORNING IN MARCH

Charitos is completely silent today.

Withdrawn to the back of the shed he has forgotten how to bray, even forgotten the tender grass.

With his head bowed down similar to a cherubim's on Good Friday he feels sadness falling as inky stalagmites on the super-white handkerchief of his soul.

Petrified, stone-like, he stands within the continuous flow of time. And only the rays of his eyes allow their silken reflections to break the frozen mirrors of his loneliness now and again.

But how handsome Charitos appears in his sadness!

And how much more gentle and loveable he becomes in such melancholy, exactly like a Holy Week angel.

It was one of those mornings in March when you open the window and the panorama of the plain seethes with a whole new fragrant life.

The low-lying flowers, resembling unclothed bodies of children, peep out from among moist, multi-coloured aromas.

Resounding red, murmuring lilac, silent grey, vibrant yellow, indolent brown, and cheerful white, the whole lot of them summon in their piercing voices which race and race along, together with the reddened faces of children on this March morning.

Charitos becomes transparent in the morning mist.

Hidden glowworms sparkle on his glossy coat.

Κι όπως ο ήλιος άναψε τριανταφυλλιές φωτιές στα δέντρα κι οι ανταύγειες από τα κρύσταλλα, τα ρουμπίνια, τα σμαράγδια, τα τοπάζια, τους αμέθυστους και τους νεφρίτες στα χορτάρια στιλβώνουν τα χρώματα, ξεχύνεται ασυγκράτητος με ηχηρά γκαρίσματα στο νοτισμένο κάμπο.

Λίγο πιο κάτω έσμιξε με τα παιδιά που βγήκαν να παίξουν με τις πλάκες του πάγου που κρουστάλλιασε στις λιμνούλες.

Κι αδέξιος καθώς είναι με τα λουλούδια και με τα παιδιά, ο καημενούλης τα θαλάσσωσε.

Με τη μαλλιαρή σαν πούπουλο κεφάλα του έσπρωξε τη Νικούλα μέσα στο παγωμένο νερό.

Το κλάμα της ακούστηκε σαν νόμισμα που πέφτει πάνω σε χάλκινο τύμπανο και ράγισε η αρμονία σε μιαν άκρη.

Λαχανιασμένα τα παιδιά γυρίζουν στα σπίτια τους με το κλάμα της Νικούλας να μαζεύει την πρωινή ομίχλη, αφήνοντας τα πράγματα του κόσμου καθρεφτισμένα στου ονείρου το κατώφλι.

Αποτραβήχτηκε ο Χαρίτος στο υπόστεγο με μια ανομολόγητη λύπη μέσα του που απλώνεται ως πέρα στον ορίζοντα.

Στο ροδαλό ορίζοντα που είναι η παιδική ψυχή του.

And right at that very moment when the sun lit up rosy fires on the trees, and so many reflections from crystals, rubies, emeralds, topazes, amethysts and jades burnished the colours in the grasses, there burst forth a loud, uncontrolled braying far across the moist plain.

A bit further down Charitos managed to catch up with the children who had gone out to play with the sheets of ice crystallizing on the ponds.

And somewhat clumsy with both the flowers and the children the donkey, poor creature, really made a mess of everything.

With his big head, hairy like fleece, he pushed Nikoula right into the frozen water.

Her sobbing was heard like a coin falling onto a copper drum and the harmony of the plain was shattered at one corner.

Gasping for breath the children went back to their homes, with Nikoula's tears soaking up the morning mist; they were leaving behind them the things of the world mirrored on the threshold of a dream.

Charitos retreated into the shed, inside him a shameful regret that unfurled itself as far as the horizon.

That rosy horizon which was his child-like soul.

ΝΥΧΤΑ ΜΕ ΦΕΓΓΑΡΙ

Το φεγγάρι, ίδιο χρυσό κωνσταντινάτο, κρεμάστηκε στην κορυφή του κυπαρισσιού. Αφήνει κουβάδες κουβάδες τη χρυσόσκονη κι όλα πάνω στη γη γίνονται ένας στιλπνός καθρέφτης, κρύος και σιωπηλός.

Τα δέντρα χωρίς βάρος, σάμπως μαλαματένια πούπουλα στην πνοή του ανέμου, παραδίδονται στο οπάλινο φως.

Το πουλί που είναι μέσα μας σιωπά κι αυτό μαγεμένο από τη μυρωδιά της μαντζουράνας και της ροδοδάφνης.

Ο Μαξής κάθεται στα πισινά του πόδια κάτω από το φρύδι της πέτρινης καμάρας του ηλιακού κι αποξεχνιέται.

Τα μάτια του σαν βόλοι από νεφρίτη βουλιάζουν μέσα σε κάτι ανάλαφρο στο χρώμα του λευκόχρυσου. Στιγμές στιγμές σπάζει της ησυχίας τους καθρέφτες μ' ένα ριγηλό γαύγισμα, χωρίς ρυθμό.

Και μέσα από το νοτισμένο κεχριμπάρι του περιβολιού που απλώνεται μπροστά του νιώθει το κίτρινο αλακάτι και τους κίτρινους ίσκιους στο φράκτη να τον σημαδεύουν με αόρατες σαΐτες.

Ένα πληγωμένο τραγούδι ακούγεται από τις Μέσα Γειτονιές. Είναι πέντε έξι παλικάρια, ανάμεσά τους κι ο Αντρίκος, που ήρθαν στο κέφι.

> Ήθελα να 'μουν ο Αδάμ
> και συ η Εύα να 'σαι
> να σ' είχα στον παράδεισο
> κοντά μου να κοιμάσαι.

Μια μυρωδιά από μοσχοκάρυδο και κανέλα απλώνει τρυφερούς πλοκάμους μέσα από τις χαραμάδες.

Στο μέσα δωμάτιο του σπιτιού μας η Ελένη και η Δέσποινα δεν μπορούν να κοιμηθούν. Νιώθουν πως η ζωή τους είναι μια γλυκιά κι ανυπεράσπιστη στιγμούλα μέσα στο μάλαμα της τρυφερής νύχτας.

NIGHT BY MOONLIGHT

Like a golden constantinato the moon hung on the peak of the cypress tree. It discharged bucketfuls of gold dust for everything on earth to become a shining mirror, cold and silent.

Weightless trees, like golden down in the breath of the wind, surrender to the lustrous light.

That bird which is inside all of us is tongue-tied, it too bewitched by the scent of marjoram and oleander.

Maxis, indifferent to everything, sits on his hind legs under the brow of the stone arch in the courtyard.

His eyes, jade marbles, fade into something very airy, almost the colour of platinum. From time to time he breaks the stillness of the mirror with a trembling, rhythmless bark.

And from within the scented amber of the orchard spreading out before him the dog senses that the yellow wheel of the water well and the hedge's yellow shadows are all targeting him with invisible darts.

A song of longing is heard coming from the direction of Mesa Yeitonies. Five or six lads, Andrikos among them, are in a good mood:

> "I'd like to be Adam
> and you my Eve,
> to have you in paradise
> near me to sleep..."

A smell of mixed spices of nutmeg and cinnamon scatters gentle strands within the chinks of the doorways.

In an inner room of our house Eleni and Despina cannot get to sleep. They feel that their life itself is a sweet and defenceless little moment

Πως είναι μια ευωδιά από ανθούς πορτοκαλιάς σ' ένα περιβόλι που μόνο μέσα τους υπάρχει.

Από την πλευρά του Πηδιά φτάνουν, σαν μηνύματα από στιλβωμένο χάλκωμα, το βαρύ άρωμα του κόνιζου και το σπασμένο τραγούδι του γρύλλου.

Κι είναι σαν ένα ασταμάτητο κουβεντολόι από νοτισμένες μυρωδιές, τρυφερή χρυσόσκονη και μια γαλήνη από λουλάκι.

Βρίσκει την ώρα της η Σαλώμη να φιλιώσει με το Μαξή. Και καθώς προβάλλει από την πλευρά του υπόστεγου με μπόλικο χρυσάφι στην πυκνή της γούνα, διάφανη μέσα στην κορεσμένη σιωπή, ο Μαξής σκέφτεται πως όλα στον κόσμο απόψε φόρεσαν την αρμονία και τη γαλήνη.

in the gold of the tender night; the same as orange blossom fragrance from an orchard that exists only within themselves.

From the Pedias side, the pungent scent of inula bushes and the broken song of a cricket draw closer, much like messages of polished brass.

Everything resembles an endless chattering of moist fragrances, gentle gold dust, and a peace of indigo.

Salome finds time to make up with Maxis. As she advances from around the side of the shed, with plenty of yellow in the thickness of her fur, Maxis in turn is thinking that everything in the world tonight has put on harmony and peace.

Η ΧΡΥΣΟΣΠΗΛΙΩΤΙΣΣΑ

Τώρα καταλαβαίνω πως έπρεπε να σε δω από κάποια απόσταση για να νιώσω πως την αγάπη μου για σένα, Δευτερά μου, θα την πλήρωνα με μοναξιά.

Τούτη η καρδιά που πνίγεται στις πολυκατοικίες της πρωτεύουσας ανοίγει τα βράδια ένα μυστικό παράθυρο για να μαζέψει μυρωδιές από λιβάνι που ξεχύνονται απ' το ξωκλήσι της Παναγίας της Χρυσοσπηλιώτισσας κι ανεβαίνουν μέχρι τον ουρανό τριανταφυλλιές.

Κι άλλοτε πάλι ανασυνθέτει το τραγούδι του Καρπή που φτάνει με νοσταλγικούς τόνους από το μικρό Αμπέλι του Ποταμού.

Τότες, Δευτερά μου, και το κλάμα της κουκουβάγιας γίνεται της νύχτας καρδιοχτύπι.

Έπρεπε να σε δω από κάποια απόσταση.

Ο μυρωμένος αέρας που κατεβαίνει από τα βουνά του Μαχαιρά φτάνει μέχρι τα Μακούφια και κάνει τις καϊσιές ν' αναρριγούν.

Κι είναι σαν να ορμούν από τα γέλια των παιδιών και τις κρυφές λαχτάρες τους χρωματιστά φαντάσματα που ανεμίζουν τη λουλουδάτη κάπα του Μιχαήλ Αρχάγγελου.

Τα μονοπάτια ως τα Μακούφια γιομίζουν με τον ερχομό του Απρίλη άσπρες και πορτοκαλιές και ροζ νεράιδες.

Τα μαρτιάτικα κατσίκια, με το στόμα τους γεμάτο από νεφρίτες και σμαράγδια υγρής χλόης, κουτουλάνε το γυαλί της αδιαπέραστης γαλήνης.

Τσιτώνει τ' αυτάκια της η Σαλώμη και νιαουρίζει μ' ένα φόβο πρωτόγονο στα πράσινα βατράχια της αυλής.

Ο Χαρίτος υψώνει σαν κορώνα του τρισάγιου ύμνου τα βαθιά χωνιά των αυτιών του κι ανασαίνει λαίμαργα την ευωδιά που κατεβαίνει με ανεπαίσθητα θροΐσματα από τις κορυφές των ευκαλύπτων.

CHRYSOSPILIOTISSA

It is only now I can understand that I had to look at you from a certain distance, my Deftera, to feel how much I would pay in loneliness for loving you.

At night time this heart, which is stifling among the tall buildings of the capital city, opens a secret window to let in scents of incense flowing out from the chapel of the Virgin of Chrysospiliotissa and rising up, rose-coloured, to the sky.

And then again, at other times, my heart re-composes Karpis' song which comes to me with its nostalgic tones from the little Vineyard of Potamos.

At such moments, my Deftera, even the owl's cry becomes the heartbeat of the night.

Yes, I had to look at you from a certain distance.

The fragrant air that drifts down from the mountains of Makhairas extends as far as Makouphia and causes the kaisia trees to tremble.

And it is as if colourful ghosts burst forth from the children's laughter and their secret longings that fan the flowery cape of Archangel Michael.

The trails leading up to Makouphia are filled with the coming of April, all white and orange and pink fairies.

March goats, their mouths crammed with the jades and emeralds of moist vegetation, are butting at the glass of an impenetrable peace.

Salome, too, pricks up her ears and miaows with a primitive fear at the green frogs in the yard.

Charitos in turn raises up the deep cones of his own ears, as high as that soaring note of the Trinity hymn. He inhales so greedily the odour that descends, in a faint rustle, from the tops of the eucalyptus gums.

Με το χάραμα κρούει τις καμπάνες του γέλιου του ο Τζιάμπος σκορπίζοντας μέσα στη διαμαντόσκονη του πρωινού μια μυρωδιά μερσίνης και δαφνόφυλλου.

Από την άλλη την πλευρά, τη βορινή, η Παναγία η Χρυσοσπηλιώτισσα ανοίγει τα παράθυρά της σαν καλή νοικοκυρούλα για να διώξει το μπλάβο σκοτάδι που κάθισε στα βασανισμένα πρόσωπα των αγίων.

Εικόνες από χρωματιστά νερά στ' αυλάκια του Τορνάρη ζωντανεύουν, με τα καβούρια να δαγκάνουν τις ανταύγειες στα χέρια τολμηρών παιδιών.

Μικρές πληγές που έμελλε να γίνουν μεγάλες.

Μικρές πληγές που οι καμπανούλες του νερού τις κάνανε της νύχτας πεφταστέρια.

With the coming of dawn it is Tziambos' peals of laughter that resound far and wide, scattering an aroma of myrtle and daphne through the diamond dust of the morning.

From the northern side the Virgin of Chrysospiliotissa throws open her windows, as indeed any good housewife should do, to expel the mauve darkness that has been sitting all night long on the suffering faces of the saints.

Images of coloured water come alive in Tornaris' brooks, with crabs biting reflections on the hands of the more daring children.

Little wounds that were going to become big ones.

Little wounds that the water's bells turned into the night's shooting stars.

ΒΡΑΔΙΑ ΤΗΣ ΑΓΙΑΣ ΠΑΡΑΣΚΕΥΗΣ

Θυμάσαι τα βράδια της Αγίας Παρασκευής; Ε, τα θυμάσαι;

Οι Μυροφόρες σου κι οι μυροφόρες του βουνού μας ζάλιζαν στο μισοσκόταδο της εκκλησίας του Αγίου Γεωργίου.

Καθώς η Ανάσταση πάντα μας έφερνε και κάποιο καινούριο ρουχαλάκι, ευλογούσαμε τη Σταύρωση.

Τρυφερές παιδικές αμαρτίες που φέρναν το Θεό σε δύσκολη θέση.

Ο Κωστής ο Πετεβίνος θα διαβάσει κι απόψε τον Απόστολο με τη βραχνή σαν μήλο αφράτο φωνή του. Κι ο Κοής ο μπολσεβίκος θα πιάσει την άκρη του Επιταφίου για τη λιτανεία και την Αγία Ταφή.

Πώς μυρίζει ακόμα η μνήμη από μυροφόρες και νύχτα του Επιταφίου!

Το ξέρεις, Δευτερά, το ξέρεις πως είμαι ακόμα αιχμάλωτος της Αγίας Παρασκευής που η Παντελίτσα σκόρπιζε γιασεμιά μες στους κουβάδες του ασβέστη κι οι τοίχοι του σπιτιού μας γίνονταν πιο σίγουροι, όπως τα λευκά άμφια του παπα-Πέτρου την Κυριακή του Πάσχα;

Φυλάω τούτη τη μυρωδιά, Δευτερά μου, στο μπαούλο που μου έδωσες φεύγοντας και το ανοίγω όταν είμαι λυπημένος.

«Τι είναι αυτή η μυρωδιά;» Ρωτά η Ανθή όχι χωρίς μια δόση υποψίας.

«Η Άνοιξη, που κουβαλά μαζί της μια τρελή νιότη από ανθισμένο αγιόκλημα», απαντώ.

Μένει μετέωρη η Ανθή ώσπου οι υγροί σκαραβαίοι των ματιών της φωτίζονται από τη γλυκιά, τη γεμάτη τρυφερή υπομονή καρδιά της.

Για τίποτα δε διαμαρτύρομαι.

GOOD FRIDAY EVENINGS

Do you remember Good Friday evenings? Well, do you?

Your myrrh-bearing Maidens together with the fragrance of the wild mountain lavender used to overpower us in the semi-darkness of Saint George's church.

Because Easter always brought us something new to wear, it was only natural that we felt we had to bless the Crucifixion.

Such frail childhood sins but they gave God a bit of a problem all the same.

Tonight Kostis Petevinos will once again read the Epistles in his husky voice, soft as foaming apple. And the bolshevik Kois is going to help carry the bier in the Holy Procession.

How one's memory still smells of the aromas of wild lavender and Good Friday evenings!

You realize, Deftera, you can imagine that I am still a prisoner of Good Friday when Pantelitsa would scatter jasmine in the buckets of lime and the walls of our house became sturdier, like Father Petros' white vestments on Easter Sunday.

I guard all the smells, my Deftera, in the trunk that you gave me when leaving, only opening it now and again when I feel sad.

"What is this smell?" Anthi asks, not without a touch of suspicion.

"Spring, which carries within it a crazy youth from flowered honeysuckle," I reply.

Anthi waits in anticipation, the moist scarabs of her eyes lit up by her sweet, patient heart, all tenderness.

I am not complaining about anything.

Κι είναι μια ολοπράσινη δροσερή ευτυχία που βρίσκω, έστω και τώρα, πως όσο περισσότερο φεύγεις τόσο περισσότερο μένεις μέσα στα πιο αγαπητά και πως φεύγεις μόνο από ό,τι παράφορα αγαπάς.

It is an intense green, fresh happiness that I discover, even now; the truth is that the more you go away, so much more you stay a part of the things you love the most. Actually, you leave only from that which you passionately love.

ΔΕΥΤΕΡΑ ΤΗΣ ΛΑΜΠΡΗΣ

Ανηφορίζουν αργά και μεγαλόπρεπα τα ώριμα, τα ροδαλά ρίγη της άνοιξης. Από τη γιδόστρατα περνούν ένα ένα στη σειρά άσπρα αξιαγάπητα πρόβατα κι ανάμεσά τους ο Αμνός του Κυρίου.

Δευτέρα της Λαμπρής και πώς αχούνε οι χαρές ολόλευκες και δροσερές στις καθαρές αυλές, τις τυλιγμένες στις οσμές του Πάσχα.

Και συ, Δευτερά μου, ντυμένη με λέξεις χρωμάτων και ήχων τρέχεις από καρδιά σε καρδιά, από αρμονία σε αρμονία, από ευχή σε ευχή, ίδια άνοιξη, ίδια μυρωδιά νοτισμένης γης που ξετρελαίνει τον αέρα στην αυλή του σχολείου όπου μαζεύονται οι χωριανοί για τα Παιγνίδια.

Σε μιαν άκρη ο Φυτής του Προκόπη κι ο Τάκης του Ρούσου τσουγκρίζουν τ' αυγά της Ανάστασης. Στα πόδια τους τρέχει γοργά το αυλάκι.

Κόκκινα τσόφλια ταξιδεύουν μαζί του ενώ πίσω από τη βυσσινιά κάπα του Αρχάγγελου Γαβριήλ προβάλλει ο Μελάρης, ο καντηλανάφτης, με μια ραγισμένη γλυκύτητα στο πρόσωπο.

Όλα είναι τυλιγμένα στ' όνειρο καθώς στο μυρωμένο αέρα του απογεύματος ανθούν οι ήχοι της καμπάνας για τη λιτανεία.

Θαρρώ, Δευτερά μου, πως κάθε Δευτέρα της Λαμπρής γίνομαι πουλί και κάθομαι στο πιο ψηλό κλαδί του πλατάνου σου στον καφενέ του Θεοδόση.

Του Θεοδόση με τη διάφανη μελαγχολία και τα πράσινα σαν μαλαχίτης μάτια του.

Εσύ που όλα τα ξέρεις, Δευτερά μου, εσύ που μέσα στη γλυκύτητα του πράσινου ουρανού σου φέρνεις μηνύματα ανάστασης, πες μου, ποια δύναμη ξυπνά τα νυσταγμένα χαμολούλουδα;

EASTER MONDAY

The ripe, rosy quiverings of Spring rise up slowly in such a dignified manner. Along the sheep tracks adorable white sheep pass by in a line, one by one; among them is the Lamb of God.

Easter Monday, and what joys, so white and cool, were heard in the clean courtyards, all wrapped up in the odours of Easter.

And you, my Deftera, dressed in words of colours and echoes, were running from heart to heart, from harmony to harmony, from one wish to another. You were just like Spring itself, the same as the scent of the moist earth that drives the breeze crazy in the schoolyard where the villagers would gather for the Games.

On one side Phytis, son of Prokopis, and Roussos' son, Takis, are busy cracking Easter eggs while the brook runs swiftly past their feet.

Red eggshells glide along with the water. Meanwhile, inside the church, the candle-lighter Melaris, with a rugged sweetness on his face, comes out from behind the crimson-coloured cape of Archangel Gabriel.

Everything is gift-wrapped in a dream, while the sounds of litany bells bloom in the scented afternoon breeze.

The way I see it, my Deftera, on Easter Mondays I really do become a bird, perched up there on the highest branch of your plane tree right alongside Theodosis' coffee shop.

Theodosis, known for his obvious melancholy and those green eyes like malachite.

You who seem to have an answer for everything, my Deftera, you who through the very delight of your green heaven bring messages of resurrection, tell me what force awakens the drowsy, low-lying flowers?

Ποια δύναμη κάνει τα πουλιά με τ' αυτοσχέδιο τραγούδι τους κάθε Δευτέρα της Λαμπρής να σηκώνουνε τη συννεφιά απ' την καρδιά του κόσμου;

What is this power that enables the birds, through their self-styled song, to lift the cloud from people's hearts every Easter Monday?

ΚΟΥΡΑΣΗ

Ο ήλιος έβαψε κόκκινα τα σύννεφα που αιωρούνταν στο δυτικό ορίζοντα κι ύστερα βούτηξε νωχελικά μέσα στη στεγνή ευωδιά των θερισμένων χωραφιών.

Από τη στροφή του μονοπατιού που αγκαλιάζει το Μετόχι αχνίζει ένα σύννεφο κουρασμένης σκόνης κρύβοντας τις σιλουέτες πέντε έξι γυναικών.

Καθώς προχωρούν με το βαρύ βηματισμό τους μες στα σκληρά σμαράγδια του δειλινού, ακούονται αναστεναγμοί από πατημένα ξερόχορτα.

Η εικόνα σού είναι γνώριμη, Δευτερά. Είναι η επιστροφή από τα χωράφια του Τσιαμανέ και του Μπογός.

Μπροστά στο λιόγερμα με τις πυρρές ανταύγειες το μαύρο του ματιού τους γίνεται πιο μαύρο από τη χοντρή μαντίλα τους.

Εδώ δεν υπάρχουν μαργαρίτες και τριαντάφυλλα. Εδώ είναι μοναχά ιδρώτας που κρουσταλλιάζει κόμπους πικρό αλάτι στα ρυτιδωμένα μάγουλα.

Εδώ είναι μονάχα το κορμί που τριζοβολά από την κούραση του θερισμού.

Πώς πονάει το σώμα, Θεέ μου! Και πώς ακινητούν τα χέρια πάνω στα γόνατα σαν ξερόκλαδα που τα 'ριξε ο άνεμος του χειμώνα!

Κούραση, που καμπανίζει υπόκωφα στους θόλους της εκκλησίας κι επιστρέφει ρυθμικά από το καμπαναριό κατηφορίζοντας μες στις ψυχές σαν ορμητικό ρέμα του Πηδιά μετά τη φθινοπωρινή βροχοθύελλα.

Πρέπει ν' αλλάξει ο κόσμος, Δευτερά.

Πρέπει να μοιραζόμαστε ίσα την ασημόχρυση χαρά της ζωής.

Σαν σπόροι να βρισκόμαστε στην καρδιά ενός πελώριου φλογισμένου ηλιοτρόπιου.

WEARINESS

The sun, to begin with, painted red the clouds that were floating in the air across the western horizon and then it dived nonchalantly into the dry scents of harvested fields.

From the bend of the trail that embraces Metochi a cloud of tired dust evaporates, concealing the silhouettes of five or six women.

While they move on with a heavy step through the hard emerald of the twilight, sighs are heard emerging from the trodden dry grasses.

You are of course familiar with this scene, my Deftera. It is the return of the reapers from the fields of Tsiamanes and Boghos.

Set against the sunset with its fiery reflections the black of their eyes becomes even blacker under their heavy kerchiefs.

Here there are certainly no daisies and roses. Here there is nothing but sweat, that crusts as drops of bitter salt on rugged cheeks.

Here there is only the body, cracking up from the downright weariness of harvesting.

O God, how the body aches! And those hands so motionless on the knees, like dried branches that the winter wind has thrown away!

Weariness, that tolls throughout the domes of the church and returns rhythmically from the bell tower, descending deep into people's souls like the wild current of the Pedias river after the autumn storms.

The world has to change, Deftera.

We have to share around equally the silvery gold joy of life.

We should be exactly like the seeds, all one and the same, in the heart of a gigantic, flaming sunflower.

ΤΟ ΦΙΔΙ

Οι καϊσιές πασπαλισμένες από τις τελευταίες φλόγες του φθινοπώρου μένουν ακίνητες. Τα πεσμένα τους φύλλα χρυσώνουν τη διψασμένη γη.

Οι φωνές των παιδιών από την πλευρά του καλαμιώνα διαλύουν τους ιριδισμούς ανοίγοντας διάπλατα το δρόμο για το χειμώνα που προβάλλει από τους μαιάνδρους του Πηδιά με τη γκριζόασπρη κάπα του.

Η Νικούλα προχωρεί μέσα στα βελούδινα ζαφείρια του δειλινού.

Δίπλα της η Κατερίνα, η κατσίκα, μαζεύει με την καφετιά υγρή μουσούδα της το κεχριμπαρένιο ισχνό χορταράκι που ξέκοψε στις όχθες των περιβολιών.

Μέσα στην τέλεια ησυχία που επιβάλλουν τα στεγνά μονοπάτια ένα μαύρο φίδι, ίδιο με ρυάκι, πηγαίνει με νωχελικούς μαιάνδρους κατά το Νοτιά.

Με το στιλπνό του μάτι μαζεύει τις τελευταίες κίτρινες ανταύγειες. Και κρυώνει.

Το είδε η Νικούλα και το πρόσωπό της γίνηκε κερένια μαργαρίτα. Ο πανάρχαιος φόβος του θανάτου έρπει μέσα της.

Και παίρνοντας ξυστά τους κορμούς των δέντρων τραβά από το σχοινί την Κατερίνα στο υπόστεγο.

Καθώς τα κρόσια της φθινοπωρινής νύχτας άγγιζαν τις στέγες σου, Δευτερά μου, αγωνίζεται να σηκώσει από την άσπρη σαν κρίνο ψυχή της το μελαγχολικό μανδύα που απλώνεται από τον ένα ορίζοντα ως τον άλλο.

Κι εγώ αγωνίζομαι, Δευτερά μου. Αγωνίζομαι χρόνια τώρα να μη θαμπώσουν μέσα μου οι εικόνες σου.

THE SNAKE

The kaisia trees, powdered with the last flames of autumn, remain motionless. Their fallen leaves blanket the thirsty earth with gold.

Children's voices coming from the area of the reed-bed break up the iridescences, opening wide the road for a winter that is surely advancing, in its greyish white cape, along the meanderings of the Pedias.

Nikoula moves ahead within the velvet sapphire of the dusk.

Beside her the goat Katerina is gathering up in her moist, coffee-coloured snout a few lean amber weeds that have not yet been torn away along the orchard banks.

Within this perfect stillness that encircles the dry pathways a black snake proceeds, like a brook, with its own sluggish meanderings towards the South.

Its glossy eye absorbs the last yellow reflections. And the snake feels the cold.

Nikoula spots it, her face immediately becoming a waxen pearl. The very primitive fear of death writhes inside her.

And scraping herself along backwards against the trunks of the trees she drags Katerina by the rope to the shed.

In the same way as the fringes of the autumn night brush up against your roofs, Deftera, Nikoula attempts to lift from her lily-white soul the melancholy mantle that is spreading out from one end of the horizon to the other.

And I too am struggling, my Deftera. If you must know, for years now I have been doing my best for your images not to become dimmed within me.

ΣΑΝ ΚΟΡΗ ΤΩΝ ΠΕΡΙΒΟΛΙΩΝ

Έλουσε το πρόσωπό της η Δευτερά στα κρύα νερά του Πετραύλακου και στα μάγουλά της οι σταγόνες γίναν διαμάντια.

Πήρε ο μελαψός Νοτιάς μια βόλτα μέσα στα φύλλα της καϊσιάς κι ο κόρφος της, σαν ηλιοτρόπιο από ατόφιο χρυσάφι, γιόμισε ανταύγειες ροδακινιές, πράσινες, κίτρινες, λιλά, γαλάζιες.

Εδώ τη βρίσκω, στην καρδιά του ηλιοτρόπιου, δοσμένη σε είδωλα από αμέτρητους καθρέφτες, χιμαιρική κι απόμακρη ίδια με νοτισμένο πρωινό του Ιούνη.

Κι άλλοτε πάλι τη συναντώ σαν Κόρη των Περιβολιών λουσμένη στη μυρωδιά της οργωμένης γης, μ' ένα άχυρο σαν φυλαχτό στο κάτω μέρος του λαιμού της, να πιάνει κάτι παράξενες ανταύγειες από ρουμπίνια και αμέθυστους.

Δίπλα της η Σαλώμη γουργουρίζει τις γατίσιες επιθυμίες της παιγνιδίζοντας στα νύχια ένα ξανθό μυρμήγκι.

Των ματιών της οι σμαράγδινοι ήλιοι γλαρώνουν και μόνο το τραγούδι του κορυδαλού μέσα στα όρθια στάχυα σπάζει το πράσινο αμύγδαλο του πρωινού.

Την αγγίζω.

Το άγγιγμά μου τη μεταλλάζει όπως τα διάφανα τοπία με το πέρασμα του ήλιου μέσα από το σύννεφο.

Τέτοιες στιγμές γίνεται απέραντη, όμοια με δειλινό που κρεμάστηκε σαν λευκό ζαφείρι στα φύλλα της κληματαριάς στο στεγνό απόγευμα του Αυγούστου.

Όμορφες εικόνες της Δευτεράς όταν οι ηλιαχτίδες ακονίζουν τις καυτερές μυτούλες τους στο δέρμα.

LIKE A MAIDEN OF THE ORCHARDS

Deftera rinsed her face in the cold waters of the Petravlako and the drops shimmered as pure diamonds on her cheeks.

And when the dusky South wind took a walk through the leaves of the kaisia trees her breast, like a sunflower of pure gold, swallowed up reflections of peach, green, yellow, lilac and blue.

Here I find her, in the heart of the sunflower, given over to idols from innumerable mirrors, both fanciful and retiring, just like a damp morning in June.

One other time, I again come across her like a maiden of the orchards, bathed in the scent of the ploughed earth. On the lower part of her neck a piece of chaff, similar to an amulet, captures some strange reflections from rubies and amethysts.

Next to her Salome is rumbling her feline desires, frolicking with a blond ant on the tips of her claws.

The emerald suns of the cat's eyes make her drowsy, and nothing but the song of a skylark through the upright ears of corn breaks the green almond of the morning.

I embrace Deftera.

My touch transforms her, as if she was one of those diaphanous spots that are only noticeable with the passing of the sun through a cloud.

At such moments she becomes limitless, the same as the twilight poised like a white sapphire on vine leaves on a dry August afternoon.

Such beautiful images of Deftera when the sunbeams whet their scorching edges on the skin.

Είναι τότε που αναδίνεται από τα περιβόλια η χαρά του απριλιάτικου νερού στο Πετραύλακο που σμίγει με κουδουνίσματα, γαυγίσματα, κοάσματα και γλυκιές φωνές κοριτσιών γεμάτες πρόσκληση και μυστήριο.

Είναι τότες που η Σαλώμη φωτίζεται από τα χλοερά χαμόγελα των περιβολιών κι ονειρεύεται ένα θεό να μοιράζει ψαράκια στα γατιά όλου του κόσμου.

It is then that the orchards are able to release the joy of the April water flowing from the Petravlako, and blending with the jingles, barkings, croakings and the sweet voices of girls, full of invitation and mystery.

It is then, in turn, that Salome is lit up by the orchards' verdant smiles and she has dreams of a God who would distribute little fish to all the cats in the world.

ΛΗΣΜΟΝΙΑ

Θα πεθάνω, Δευτερά, και δεν ξέρω αν κανείς θα με θυμάται.

Δεν ξέρω αν κάποιο χέρι με το ζεστό άγγιγμα μιας παπαρούνας θα σηκώσει τον ιστό της λησμονιάς που θα σκεπάσει τ' όνομά μου.

Θα πεθάνω και συ θα με ξεχάσεις, Δευτερά.

Από την πλευρά του Βορρά βλέπω να έρχονται μέσα στους θρυμματισμένους καθρέφτες της χαλαζοθύελλας ο Τρυπάτσας, ο Παντζιαρής κι ο Κατσουρής μ' ένα καλάθι γεμάτο ασημένιες μπαλίτσες.

Είναι το χαλάζι που πέφτει κάθετα πάνω στις φασματικές στέγες, τους νεκρούς δρόμους, τους κυρτωμένους ώμους τους.

Τρίβουν τα χέρια και πότε πότε τα χουχουλιάζουν. Κρυώνουν. Κρυώνουν πολύ.

Το σύννεφο κατέβηκε πάνω στα κλαδιά της καϊσιάς και ρίχνει άσπρα παγερά πέταλα.

Δεν υπάρχει σπιθαμή στεγνής γης γύρω και μέσα μας. Το υπόστεγο στάζει ουρανό απ' όλες τις μεριές. Τιπλ, τιπλ, τιπλ... μ' ένα ρυθμικό ήχο σαν το ρολόι της αιωνιότητας.

Από τη χαραμάδα της πόρτας απλώνει τα πλοκάμια του ένας μουσκεμένος άνεμος κι η Κατερίνα, η κατσίκα, ανατριχιάζει.

Το δειλινό, κουρασμένο και μπλάβο, ρίχνει αόρατες κλωστές στις κορυφές των κυπαρισσιών να κρατηθεί.

Θέλω κι εγώ να κρατηθώ, Δευτερά μου, μέσα στη μνήμη σου.

Θέλω να με θυμάσαι όχι σαν χιμαιρική εικόνα από φευγαλέο παραμύθι αλλά σαν το μπουμπούκιασμα της ροδιάς.

OBLIVION

I will die, Deftera, and I do not know if anyone is going to remember me.

I simply have no idea if some hand with the warm touch of a poppy will lift away the web of oblivion that will shroud my name.

I will die, and you too are going to forget me, Deftera.

Through the fragmented mirrors of the hailstorm I catch sight of Trypatsas, Pantziaris and Katsouris coming from the North; they are clutching all as one a basket packed with little silver balls.

It is hail, which falls vertically onto the spectre-like roofs, onto the dead streets, and onto their hunched shoulders as well.

The three of them are rubbing their hands together and every now and again blow on them. They are cold. They are very cold.

The cloud has alighted over the branches of the kaisia tree and it flings out icy, white petals.

There is not a single span of dry earth, either around or within us. The shed is leaking in the sky on all its sides. Drip, drip, drip … with a rhythmic echo like the clock of eternity.

The tentacles of a drenching wind manage to penetrate through the chink in the door and the goat Katerina keeps shuddering.

Twilight, so worn out and dark blue, casts invisible threads on the peaks of the cypress trees in a last-minute effort to hold on a little while longer.

And I, too, want to be sustained within your memory, my Deftera.

I want you to remember me, not as a fantastical image from a fleeting fairy story, but as a pomegranate tree putting forth its blossom.

Ένα γκρίζο μυστήριο, σαν μυρωδιά από λιβάνι, κατεβαίνει καθώς η καμπάνα του Αγίου Γεωργίου σημαίνει εσπερινό.

Κι ο ήλιος που προβάλλει μέσα από τα κουρελιασμένα σύννεφα της Δύσης, όπως το μάτι του Χατζηευτυχίου πίσω από τους χοντρούς φακούς του, ξαναφέρνει στους δρόμους τη ζωή.

Τη ζωή που είναι ένας ατέλειωτος και ολόφωτος στοχασμός.

Θα πεθάνω, Δευτερά μου, και συ θα με ξεχάσεις.

Much like the smell of incense a grey mystery is now descending as predictably as the bell of St. George's signals the vesper hour.

And the sun, approaching from amidst the ragged clouds of the West, just like Hadjieftychios' eye from behind his thick lenses, brings life back to the streets.

Life, which is one endless and brightly lit meditation.

I shall die, my Deftera, and you will surely forget me.

ΣΗΜΕΙΩΣΕΙΣ

ΕΙΝΑΙ Η ΔΕΥΤΕΡΑ ΜΟΥ

Δευτερά: Χωριό της επαρχίας Λευκωσίας, φημισμένο άλλοτε για τα καϊσιά του και τα πολλά τρεχούμενα νερά, που όλα δυστυχώς έχουν στερέψει. Διοικητικά πρόκειται για δύο κοινότητες: η Πάνω και η Κάτω Δευτερά. Στη συνείδηση, ωστόσο, όλων των κατοίκων της περιοχής είναι μια κοινότητα και έτσι αντικρύζεται εδώ.

Μεσορείνια: Η προέκταση των βουνών του Μαχαιρά που σβήνουν σε ήμερους και γραφικούς λόφους στις παρυφές της Δευτεράς.

Πηδιάς: Ο γνωστός χείμαρρος, του οποίου η κοίτη αγκαλιάζει τρυφερά τη Δευτερά. Οι κάτοικοι της περιοχής τον λένε «ο Ποταμός», γιατί παλαιότερα έτρεχε ολόχρονα.

ΕΥΑΓΓΕΛΙΣΜΟΣ

Καρπασίτης: Πάλεψε σ' όλη του τη ζωή με τη γη. Μακαρίτης τώρα. Το επίθετο το οφείλει στη γυναίκα του, η οποία καταγόταν από χωριό της Καρπασίας.

ΑΓΑΛΛΙΑΣΗ

Άγιος Νικόλαος: Ο πολιούχος άγιος της Κάτω Δευτεράς.
Άγιος Γεώργιος: Ο πολιούχος άγιος της Πάνω Δευτεράς.
Λακατάμεια, Ψημολόφου, Ανάγυια, Τσέρι: χωριά που συνορεύουν με τη Δευτερά.
Κώστας και Αντρέας: Γνωστοί σύγχρονοι ποιητές που κατάγονται από τη Δευτερά. Ο Αντρέας πέθανε το 2004.
Πιπής: Τύπος μποέμ της Δευτεράς, γι' αυτό και κάπως παρεξηγημένος από τους χωριανούς. Μακαρίτης τώρα.

ΘΑ ΜΕ ΠΟΥΝ ΤΡΕΛΟ

Πρώτη του Απρίλη: Αναφορά στην έναρξη του απελευθερωτικού αγώνα της Κύπρου.

Κκόλας: Ο τοπικός αρχηγός της ΕΟΚΑ, που εκτιμήθηκε για τη σεμνότητά του.

Λευτέρης Γοργίδας: Ο δάσκαλός μας στο δημοτικό σχολείο. Ελληνολάτρης και θερμός πατριώτης. Μακαρίτης τώρα.

Ο ΜΙΧΑΛΗΣ ΤΩΝ ΑΓΓΕΛΩΝ ΚΑΙ ΤΩΝ ΛΟΥΛΟΥΔΙΩΝ

Μιχάλης: Ήταν η προσωποποίηση της αγάπης και της καλοσύνης. Μακαρίτης τώρα.

Το δάσος τους Ευκενήες: Το δάσος ευτυχώς υπάρχει. Είναι δίπλα στο γεφύρι του Πηδιά που χωρίζει τη Δευτερά από την Ανάγυια. Ανήκει στους Ευκενήες, γνωστή οικογένεια της Πάνω Δευτεράς.

Η ΕΥΡΥΔΙΚΗ

Ευρυδίκη: Το σπίτι της κολλούσε στο δικό μας από τη δυτική πλευρά. Όταν γελούσε – και γελούσε συχνά – άνοιγαν οι ουρανοί. Μακαρίτισσα τώρα.

Καμίνι: Περιοχή της Δευτεράς με εύφορα περιβόλια. Παλαιότερα εδώ υπήρχε καμίνι όπου έφτιαχναν τούβλα και κεραμίδια.

Αχιλλέας Ρούσος: Από τους πιο ιδιόρρυθμους κατοίκους της Δευτεράς. Υπήρξε για χρόνια αζάς και εκκλησιαστικός επίτροπος. Κάποτε έκανε και τον οδοντογιατρό. Η ταβέρνα του, που υπάρχει ακόμη, ήταν και μπακάλικο, καφενείο, κουρείο και ταχυδρομείο.

Καραμέζος: Τύπος ομιλητικός και ευχάριστος. Καλός σύντροφος στην κρασοκατάνυξη. Μακαρίτης τώρα.

ΤΑ ΠΟΡΤΟΚΑΛΙΑ ΤΗΣ ΚΑΡΑΟΛΙΝΑΣ

Ελεγκού του Καραολή: Το σπίτι της κολλούσε στο δικό μας από την ανατολική πλευρά. Με χαρά μου βλέπω πως ο πορτοκαλιώνας της υπάρχει ακόμη. Μακαρίτισσα τώρα.

Αγάθη: Γνωστή σε ολόκληρη την περιοχή για τις γητειές της.

ΜΝΗΜΟΣΥΝΟ

Δαμιανός και Άννα: Έχουν πεθάνει, το περιβόλι τους, όμως, με τον ανεμόμυλο στέκει ανέπαφο.

Η ΧΑΝΟΥΜΙΣΣΑ ΠΑΧΙΡΕ

Παχιρέ: Στην Κάτω Δευτερά έμεναν Τούρκοι μέχρι το 1964. Ευτυχώς που η χανούμισσα Παχιρέ πέθανε πολύ πριν τα πάρει όλα ο μαύρος άνεμος.

ΜΑΡΜΕΛΑΔΑ ΜΟΣΦΙΛΟΥ

Βαρβαρού: Το σπίτι της βρισκόταν κοντά στον ποταμό Πηδιά. Πάντοτε γλυκομίλητη και χαμογελαστή. Μακαρίτισσα τώρα.

ΠΡΩΙΝΑ ΤΟΥ ΦΛΕΒΑΡΗ

Σαλώμη: Ήταν η πιο πονηρή γάτα που είχαμε.
Χαριτού, Αννού: Γειτόνισσές μας. Η Αννού πέθανε.
Του βάρους σας μετάξι: Οι γυναίκες συνήθιζαν μόλις έβλεπαν το πρώτο χελιδόνι της χρονιάς να σηκώνουν κάτι βαρύ και να λένε αυτή τη φράση-ευχή, για να έχουν πλούσια παραγωγή μεταξιού.
Δεσπότης: Γείτονάς μας. Το σπίτι του είχε μπαλκόνι. Μακαρίτης τώρα.

ΠΡΩΙΝΟ ΤΟΥ ΜΑΡΤΗ

Χαρίτος: Το γαϊδούρι αυτό το αγαπούσαμε για τα σπάνια χαρίσματά του. Ένα πρωί το βρήκαμε νεκρό στο υπόστεγο. Το θρηνήσαμε σαν άνθρωπο.

ΝΥΧΤΑ ΜΕ ΦΕΓΓΑΡΙ

Μαξής: Ήταν ο πιο αγαθιάρης σκύλος που είχαμε.
Μέσα Γειτονιές: Συνοικία της Δευτεράς
«Ήθελα να 'μουν ο Αδάμ...»: τραγουδήθηκε πολύ τη δεκαετία του '40.

Η ΧΡΥΣΟΣΠΗΛΙΩΤΙΣΣΑ

Παναγία η Χρυσοσπηλιώτισσα: Ξωκλήσι-σπηλιά σκαμμένη σε κάθετο βραχοβούνι. Στις 15 Αυγούστου γίνεται μεγάλο πανηγύρι. Οι θρύλοι και οι παραδόσεις γύρω από τη Χρυσοσπηλιώτισσα είναι πάρα πολλές και νομίζω πως δεν έχουν ακόμα καταγραφεί.

Αμπέλι του Ποταμού-Καρπής: Δίπλα στο δάσος τους Ευκενήες υπήρχε ένα μικρό αμπέλι. Ο Καρπής για έντεκα μήνες έκανε το βοσκό. Τον Αύγουστο φύλαγε το αμπέλι. Εδώ σύχναζαν τα βράδια πολλοί νέοι της Δευτεράς για να πουν τα δικά τους και να απολαύσουν τα νόστιμα σταφύλια που τους πουλούσε ο Καρπής.

Μακούφια: (ίσως από το «βακούφια»). Περιοχή της Δευτεράς. Άλλοτε υπήρχαν εύφορα περιβόλια εδώ. Σήμερα οικοπεδοποιείται.

Τζιάμπος: Τύπος που τραβά αμέσως την προσοχή. Από αυτούς που λέμε «ωραίος άνθρωπος».

Τορνάρης: Ονομασία τρεχούμενου νερού. Τώρα έχει στερέψει.

ΒΡΑΔΙΑ ΤΗΣ ΑΓΙΑΣ ΠΑΡΑΣΚΕΥΗΣ

Κωστής Πετεβίνος: Κάθε Αγία Παρασκευή διάβαζε τον Απόστολο και κανένας δε διανοήθηκε να του αρνηθεί αυτό το δικαίωμα. Μακαρίτης τώρα.

Κοής: Ένας από τους πολλούς θρησκευόμενους αριστερούς της Δευτεράς.

Παπα-Πέτρος: Ο ιερέας της εκκλησίας του Αγίου Γεωργίου. Μακαρίτης τώρα.

ΔΕΥΤΕΡΑ ΤΗΣ ΛΑΜΠΡΗΣ

Παιγνίδια: Κάθε Δευτέρα της Λαμπρής όλοι οι χωριανοί μαζεύονταν στην αυλή του δημοτικού σχολείου όπου έπαιζαν διάφορα παιγνίδια.

Φυτής, Τάκης: Γείτονες και συμμαθητές.

Μελάρης: Ήταν για πολλά χρόνια ο καντηλανάφτης της εκκλησίας του Αγίου Γεωργίου. Μακαρίτης τώρα.

Θεοδόσης: Είχε καφενείο στην πλατεία του χωριού, που το σκίαζαν δυο πελώριοι πλάτανοι. Το καφενείο υπάρχει και σήμερα. Μακαρίτης τώρα.

ΚΟΥΡΑΣΗ

Μετόχι: Συνοικία της Δευτεράς.

Τσιαμανές, Μπογός: Γαιοκτήμονες της Δευτεράς. Ο Τσιαμανές πέθανε εδώ και πολλά χρόνια.

ΣΑΝ ΚΟΡΗ ΤΩΝ ΠΕΡΙΒΟΛΙΩΝ

Πετραύλακο: Ονομασία τρεχούμενου νερού. Τώρα έχει στερέψει.

ΛΗΣΜΟΝΙΑ

Τρυπάτσας, Παντζιαρής, Κατσουρής: Τα σπίτια τους ήταν στην ίδια γειτονιά με το δικό μας. Πότισαν τη γη με πολύ ιδρώτα. Μακαρίτες τώρα.

Χατζηευτύχιος: Υπήρξε βουλευτής πριν από τα Οκτωβριανά και για πολλά χρόνια μουχτάρης (κοινοτάρχης) της Πάνω Δευτεράς. Φορούσε χοντρούς φακούς που έπεφταν μέχρι την άκρη της μύτης του. Μακαρίτης τώρα.

NOTES

SHE IS MY OWN DEFTERA

Deftera: a village in the Nicosia district, equally famous for its kaisia fruit and its plentiful running waters, which have unfortunately all dried up. Administratively, it consists of two communities, Upper (Pano) and Lower (Kato) Deftera. However, the inhabitants of the area consider it one community and it is treated as such in this volume.

Mesoreinia: the extension of the Makhairas mountains that tapers off on the cultivated slopes at the borders of Deftera.

kaisia: small, edible fruit resembling the apricot, ripening in early summer.

Pedias: the well-known stream whose river-bed runs placidly by Deftera. The inhabitants of the area call it "the River", because in former days it flowed all year round.

ANNUNCIATION

charlock: a wild mustard with yellow flowers, profuse in the Cyprus countryside in the Spring.

Karpasitis: now deceased, he had a life-long struggle with the land. The surname is derived from his wife, who came from a village in the Karpasia peninsula.

JUBILATION

Saint Nicholas: the patron saint of Lower Deftera.

Saint George: the patron saint of Upper Deftera.

Lakatamia, Psimolophou, Anayia, Tseri: villages that border on Deftera.

'kaisia of the wind': a saying in the Deftera area which refers to the kaisia that have been blown off the tree and somehow have a more fragrant, mouthwatering flavour. More generally, the phrase can also denote beauty and is used to describe a beautiful girl of fair skin and rosy cheeks.

Kostas and Andreas: recognized contemporary poets of Deftera. Andreas passed away in 2004.

Pipis: a bohemian character in Deftera, sometimes misunderstood by the locals. Now deceased.

THEY WILL CALL ME CRAZY

First of April: this day marked the beginning of the independence struggle in Cyprus in 1955.

Kkolas: the local chief of EOKA, who was respected for his integrity.

Lefteris Gorgidas: our primary school teacher, a lover of Greece and a fervent patriot. Now deceased.

MICHALIS OF THE ANGELS AND THE FLOWERS

Michalis: the epitome of love and goodness, Michalis died in 1984.

the forest of Evkenies: happily, the forest still exists, next to the Pedias bridge that divides Deftera from Anayia. It belongs to the well-known family of the Evkenies from Upper Deftera.

EURYDIKE

Eurydike: her house was joined to ours on the western side. When she laughed – and she often laughed – the heavens opened up. Now deceased.

Saint Dimitris: the feast day of the saint on the 26th October is always an occasion for local church fairs (panegyria) with stalls selling nuts and dried fruits such as figs; by then the long summer has almost gone.

Kamini: an area of Deftera with fertile orchards. In the old days there was a foundry there which made bricks and tiles.

Achilleas Roussos: one of the more eccentric residents of Deftera. For years he was a councillor (azas) and a member of the church committee. Occasionally, he was also the dentist. His tavern, which is still there, was a greengrocer's, coffee shop, barber's and post office all in one.

Karamezos: a talkative, pleasant character and good company in wine drinking. Now deceased.

CARAOLINA'S ORANGES

Elengou, wife of Karaolis: her house joined ours on the eastern side. She is now deceased but I am happy to see that her orange grove is still there.

Agathi: known throughout the whole area for her spells, incantatory words often with religious overtones, spoken to ward off evil or protect children.

inner courtyard: the architecture of the Cyprus village house has the uncovered stone courtyard separating the living from the sleeping areas.

MEMORIAL SERVICE

Damianos and Anna: they have died, but their orchard with its windmill stands intact.

Virgin's Tears: rock cress, a wild plant with delicate clusters of pink flowers.

THE TURKISH WOMAN BAHIRE

Bahire: Turkish Cypriots lived in Lower Deftera until 1964. Fortunately, the Turkish woman Bahire died long before 'the black wind' took everything away.

jujube: a deciduous tree, suited to dry climates, flowering in summer and producing yellowish, edible fruit.

wheel of the well: the vertical wheel (alakati) that was used to raise the water from the village well. A donkey or mule, strapped to a wooden beam, would pace around the well, turning the wheel while water ran into a channel at the side.

MOSPHILO JAM

mosphilo: small, orange-coloured fruit with yellow flesh (from the hawthorn species). It grows in bunches on rocky slopes and around the edges of fields; ripening in autumn, mosphila can be eaten raw or in jam.

Varvarou: her house was near the Pedias river. Now deceased, she was always sweet-talking and smiling.

FEBRUARY MORNINGS

River Jordan: a phrase used by country folk to describe the Galaxy which at night looks like a fluffy cloud.

Salome: she was our most cunning cat.

Charitou, Annou: two of our neighbours; Annou died.

"May you produce as much silk as your weight, neighbours": the local women, as soon as they spotted the first swallow of the year, used to pick up something heavy and would make this wish, to have a rich silk production. Silk used to be a major export industry in Cyprus. Even up to the 1940s village families would produce their own raw silk garments and soft furnishings.

Despotis: a neighbour of ours whose house had a balcony. He is deceased.

A MORNING IN MARCH

Charitos: we loved this donkey for his rare qualities. One morning we found him dead in the shed and we mourned his loss as if he were a real person.

NIGHT BY MOONLIGHT

constantinato: a gold Byzantine coin which depicted the Emperor Constantine the Great and St. Eleni holding a cross on the concave side, and a double-headed eagle on the convex side. It later came into fashion as a pendant.

Maxis: he was the most foolish dog that we had.

Mesa Yeitonies: a neighbourhood of Deftera.

"I'd like to be Adam…": a love song which was popular in the 1940s.

inula bushes: the stink aster, also known as 'conyza' from the Greek 'dust' or 'powder'. Inula has sticky, glandular hair and stems of yellow heads flowering from August to November.

CHRYSOSPILIOTISSA

'Chrysospiliotissa': literally, 'the Golden Lady of the Cave'.

The Virgin of Chrysospiliotissa: a cave-chapel dug out on a rocky hillside on the left bank of the Pedias. Every 15th August (the feast day of the Assumption of the Virgin) it becomes a lively fair site. The legends and traditions concerning Chrysospiliotissa are numerous and probably have not even all been recorded yet.

the vineyard of Potamou-Karpis: this was a small vineyard next to the forest of Evkenies. Karpis was a shepherd for eleven months of the year. But in August he guarded the vineyard, where many young men from Deftera would gather at night-time to talk and to enjoy the delicious grapes that Karpis used to sell them.

Makouphia: an area of Deftera, perhaps from 'vakoufia'. Once there were fertile orchards here but today they are all built upon.

Tziambos: a character who immediately draws attention; someone you would call 'a fine man'.

suffering faces: the icons of the Greek Orthodox church invariably depict solemn features.

Tornaris: the name of a stream of running water, now dried up.

GOOD FRIDAY EVENINGS

wild lavender: a green, aromatic bush growing on rocky ground and hillsides (unlike garden lavender). Its spiky, violet flowers bloom during the Easter season from March into May.

Kostis Petevinos: every Good Friday evening he used to read the Epistles and it never occurred to anyone to deny him that right. He is now deceased.

Kois: one of the many religious Left-wingers of Deftera.

Father Petros: the priest at St. George's church. Now deceased.

EASTER MONDAY

The Games: on Easter Monday all the villagers would gather in the yard of the primary school to play different games.

Phytis and Takis: neighbours and schoolmates.

Melaris: for many years he was the warden of St. George's church. Now deceased.

Archangel Gabriel: the icon in St. George's church, Upper Deftera, depicts the messenger archangel wearing a crimson-coloured cape.

Theodosis: he had a coffee shop in the village square, in the shade of two huge plane trees. The coffee shop still exists but he is deceased.

WEARINESS

Metochi: a neighbourhood of Deftera.

reapers: reaping of the harvest was traditionally reserved for small groups of village women who cut the wheat with a curved blade (drepani) while the men bundled the crop. June was the reaping month ('Theristis'), followed by the threshing month, July ('Alonaris'). Women still reap on uneven land unsuited to machinery.

Tsiamanes and Boghos: landowners in Deftera. The former died many years ago.

THE SNAKE

the black snake: farmers regard the black snake as protector of the orchards because it is innocuous and eats rodents. Hence it is called 'pervolaris' ('the gardener').

LIKE A MAIDEN OF THE ORCHARDS

Petravlako: now dried up, it was a stream of running water.

OBLIVION

Tripatsas, Pantziaris and Katsouris: their homes were in the same neighbourhood as ours. They toiled hard, with a lot of sweat, in working their land. They are all deceased.

Hadjieftichios: now deceased, he was a parliamentarian before the October uprising of 1931 and for many years President of the local community. His thick-lensed glasses reached to the tip of his nose.

THEOKLIS KOUYIALIS was born in 1936 in Deftera. He studied in Cyprus, the USA and England and over the years has held a variety of positions in Cypriot education.

He has published eleven collections of poems and three anthologies of Cypriot poetry (two of them in English). His play *The Block of Apartments* was broadcast on Cyprus Radio. The Cyprus PEN has published a literary profile of his work and the Institut d'Études Neo-Helléniques at the University of Nancy has published an extensive anthology of his poetry in Greek and French.

Ο ΘΕΟΚΛΗΣ ΚΟΥΓΙΑΛΗΣ γεννήθηκε το 1936 στη Δευτερά. Σπούδασε στην Κύπρο, στις Η.Π.Α. και στην Αγγλία και μετά υπηρέτησε την εκπαίδευση της Κύπρου από διάφορες θέσεις.

Εξέδωσε έντεκα ποιητικές συλλογές και τρεις ανθολογίες Κυπριακής ποίησης, δύο από αυτές στ' Αγγλικά. Το θεατρικό του έργο *Η Πολυκατοικία* μεταδόθηκε από το ΡΙΚ. Το Κυπριακό Κέντρο PEN εξέδωσε ένα λογοτεχνικό του πορτρέτο στ' Αγγλικά. Το Ινστιτούτο Νεοελληνικών Σπουδών του Πανεπιστημίου του Νανσί εξέδωσε εκτεταμένη δίγλωσση ανθολογία στα Ελληνικά/Γαλλικά του ποιητικού του έργου.